AF273915

Con Cristo
en el Calvario

Ediciones Palabra
Madrid

© Ernesto Juliá, 2025
© Ediciones Palabra, S.A., 2025
  Ronda del Caballero de la Mancha, 59 – 28034 Madrid
  Telf.: (34) 91 350 77 20 – (34) 91 350 77 39
  www.palabra.es
  palabra@palabra.es

Diseño de cubierta: Equipo editorial
ISBN: 978-84-1368-511-3
Depósito Legal: M-24.663-2025
Printed in Spain – Impreso en España

Ernesto Juliá

Con Cristo
en el Calvario

Albor

ÍNDICE

PRESENTACIÓN

En estas páginas que tienes en tus manos, querido lector, he recogido una serie de artículos escritos para una revista que se publica en Semana Santa.

Para todos los cristianos, esos días son momentos muy especiales para encontrar al Señor, para contemplar a Nuestro Señor Jesucristo, Dios y hombre verdadero, que anhela manifestarnos el Amor con el que Dios Padre, Hijo y Espíritu Santo nos ha creado a cada ser humano. Y el Amor que Dios Hijo, Él, nos está transmitiendo mientras sufre las injurias de la plebe manipulada por los escribas y fariseos de turno, mientras camina con la Cruz a cuestas y cae aplastado bajo su peso.

Mientras unos le insultan y le desprecian, otros, hombres y mujeres, lloran en silencio contemplándole clavado en la Cruz, recordando los milagros que ha hecho con ellos, curándoles de sus enfermedades, haciendo andar a cojos, ver a ciegos, hablar a mudos y resucitar muertos.

Son muchos, también, los que han participado en esa lenta agonía de Cristo, y le han escuchado sus últimas palabras sabiendo que también se las dirigía a ellos, a cada uno de nosotros, seres humanos, que caminaremos por la tierra hasta que Dios cierre definitivamente la historia que vive con el hombre, y que el hombre vive con Dios en su cuerpo humano, mortal y ya eterno: Jesucristo, Dios y Hombre verdadero.

Soy consciente de que nunca llegaremos a penetrar en toda su hondura la realidad de la Pasión, Muerte y Resurrección de Jesucristo.

Para adentrarnos, paso a paso, en este misterio del Amor de Dios, he dividido estas páginas en cuatro apartados. El primero, una sencilla reflexión sobre los acontecimientos del Calvario. El segundo, unas breves consideraciones sobre los misterios dolorosos del Santo Rosario. El tercero, las reacciones de algunos de los personajes que han contemplado a Cristo en la Cruz. El cuarto, el momento que da todo significado y sentido al sufrimiento de Jesús: la Resurrección, y su invitación a resucitar con Él, en Él.

Son incontables los hombres y las mujeres que han descubierto el sentido de sus vidas contemplando a Cristo clavado en la Cruz. Y hasta el fin del mundo contemplaremos al Señor crucificado, le pediremos perdón por nuestros pecados, que lo han clavado en el madero; y le daremos gracias porque sus sufrimientos, que ha querido vivir para redimirnos de nuestros pecados, nos han manifestado su Amor, viviendo en la Cruz la muerte en su humanidad.

«Cuando me sobrecoge el temor de Dios, la cruz es mi protección; cuando tropiezo, mi auxilio y mi apoyo; cuando combato, el premio; y cuando venzo, la corona. La cruz es para mí una senda estrecha, un camino angosto: la escala de Jacob, por donde suben y bajan los ángeles, y en cuya cima se encuentra el Señor» (Homilía pascual del siglo II, PG, 59, 793).

Y podemos decir con san Pedro: *Bendito sea Dios, Padre de nuestro Señor Jesucristo, que en su gran misericordia, por la resurrección de Jesucristo de entre los muertos, nos ha hecho nacer de nuevo para una esperanza viva, para una herencia incorruptible, pura, imperecedera, que os está reservada en el cielo. La fuerza de Dios os custodia en la fe para la salvación que aguarda a manifestarse en el momento final (1 P 1, 1-5).*

Estas páginas quieren ser una invitación para que, allá en lo hondo de nuestra alma, contemplando a Cristo en la cruz, reflexionemos sobre nuestra vida de cristianos, y renovemos nuestro deseo de vivir con Cristo su Pasión, dándole gracias porque haya querido unirnos a sus sufrimientos en su tarea de redimir al mundo.

«Ahora, situados ante ese momento del Calvario. Cuando Jesús ya ha muerto y no se ha manifestado todavía la gloria de su triunfo, es una buena ocasión para examinar nuestros deseos de vida cristiana, de santidad; para reaccionar con un acto de fe ante nuestras debilidades, y confiando en el poder de Dios, hacer el propósito de poner amor en las cosas de nuestra jornada. La experiencia del pecado debe conducirnos al dolor, a una decisión más madura y más honda de ser fieles, de identificarnos de veras con Cristo, de perseverar, cueste lo que cueste, en esa misión sacerdotal que Él ha encomendado a todos sus discípulos sin excepción, que nos empuja a ser sal y luz del mundo (Josemaría Escrivá, *Es Cristo que pasa,* n. 96).

I.

LA SEMANA SANTA

La contemplación de la Semana Santa, y el vivir los acontecimientos que se fueron sucediendo esos días en Jerusalén hace casi 2.000 años, nos pueden ayudar a penetrar más hondamente el Corazón de Jesús, sus sufrimientos redentores que nos manifiestan el inmenso Amor de Dios por sus criaturas.

El Domingo de Ramos entra Jesucristo en Jerusalén para ofrecerse a Dios Padre en sacrificio por nuestros pecados y para abrirnos, con su muerte y resurrección, las puertas del Cielo. No le dejemos solo. Pensemos en Él; leamos las páginas de la Pasión de Cristo, con amor; unámonos al *Via Crucis*, participando de su dolor. Hemos de revivir en nuestro espíritu los momentos de la Pasión de Cristo, para que estos días dejen una huella honda en nuestro espíritu.

Cristo llora sobre Jerusalén, porque la gran ciudad no le quiere recibir. Jerusalén es el mundo que no quiere reconocer a su Creador; Jerusalén somos cada uno de nosotros, cuando rechazamos las invitaciones de Dios para enamorarnos de Él y caminar según sus mandatos.

Después de entrar en Jerusalén sobre un borrico; de echar a los mercaderes del templo; de pasar un tiempo en Betania en casa de sus amigos Marta, María y Lázaro, el Señor nos da un mandamiento nuevo:

Que os améis los unos a los otros, como yo os he amado.

Y lo pone inmediatamente en práctica, lavando los pies a sus discípulos.

¿Cómo podemos guardar todavía, en algún rincón del alma, rencor, odio, discriminación, desconfianza, prejuicios hacia alguien? Los cristianos hemos de amar con el corazón de Cristo, con un amor sin límites. Amar es servir, es dar la vida por los demás, día a día, amar es vivir ocupado de quienes nos rodean, es abajarse para hacerles la vida agradable, es olvidar las ofensas, es perdonar, es rezar por quienes nos hacen mal.

Para darnos fuerzas y alimento y sostenernos en el camino de la vida cotidiana cristiana, y conducirnos a la vida eterna, Jesucristo instituye la Eucaristía: «vida de nuestras ánimas, medicina de nuestras llagas, consuelo de nuestros trabajos, memorial de Jesucristo, testimonio de su amor... brasa para encender el fuego del amor divino» (Fray Luis de Granada).

Poco después de rendirse en el servicio de los demás, y de darnos la mayor prenda de su amor:

Él mismo en la Eucaristía, Jesús es traicionado por Judas, uno de sus discípulos, y abandonado por los demás Apóstoles. Hasta Pedro, quien será más tarde su Vicario en la tierra, niega haberle conocido.

Solo, abandonado de todos en la Cruz, el Señor habla con Dios Padre y dialoga con los hombres.

Padre, perdónalos porque no saben lo que hacen.

Muere pidiendo perdón a Dios Padre por nosotros. Esta es nuestra gloria, la Cruz de Cristo; y en ella, hemos de pedir perdón a quienes hemos ofendido y perdonar de todo corazón a quienes nos ofenden.

Tengo sed.

Jesucristo acusa el peso de la indiferencia de los hombres; y nos recuerda que echa en falta un poco de afecto, un detalle de cariño, una limosna de amor.

En verdad te digo que hoy estarás conmigo en el Paraíso.

El Señor se conmueve con el acto de fe del buen ladrón. Con esa misma fe hemos de confesarle nosotros, sin avergonzarnos de pedirle ayuda en nuestras necesidades.

Mujer, he ahí a tu hijo. He aquí a tu Madre.

Cristo consuela a María y, ahora, consuma su obra y nos la da por Madre. Solo al lado de María, Madre de Dios y Madre nuestra, aprenderemos a amar a Cristo.

Todo está consumado, Padre, en tus manos entrego mi espíritu.

Y, diciendo esto, expiró. Hemos visto morir a Jesús; le hemos acompañado –¡qué buen ejercicio de piedad es el *Via Crucis!*– hasta la cumbre del Calvario.

Al terminar los oficios del Viernes Santo, la Iglesia queda a oscuras. No hay lámpara que anuncie la presencia del Santísimo Sacramento. Jesús está ya enterrado en el Sepulcro, y nosotros nos recogemos ante la Cruz, sin crucificado, para «llorar, creer y amar» (San Josemaría Escrivá).

La institución de la Eucaristía

Haced esto en memoria mía.

El Señor quiere enseñarnos el camino para vivir Él siempre con nosotros; y para que nosotros vivamos siempre con Él, por Él, en Él.

Para vivir siempre con nosotros, dice:

El que come mi Carne y bebe mi Sangre tiene vida eterna y yo lo resucitaré en el último día (Jn 6, 54).

Se hace alimento, «prenda de vida eterna».

Para que nosotros podamos vivir siempre con Él, nos invita a celebrar con Él el Santo Sacrificio de la Misa. En la Misa ofrecemos a Cristo a Dios Padre movidos por el Espíritu Santo. Y con

Cristo y en Cristo, nuestras vidas a Dios Padre. En la Misa, damos gracias a Dios Padre por todos los bienes que recibimos. En la Misa, hasta la última pena, el más pequeño dolor, la angustia más llevadera que podamos vivir, junto con todas las alegrías, se unen a la Pasión, a la Vida de Cristo para la redención del mundo.

En la Misa, comenzamos ya a vivir, aquí en la tierra, con Cristo en el Cielo. *El que come mi carne y bebe mi sangre permanece en mí y yo en él (Jn 6, 56).*

María Santísima es la «mujer eucarística» por excelencia. Ella nos enseña a adorar a Cristo en la Hostia Santa; y a recibirlo en la Comunión «con aquella pureza, humildad y devoción» con que Ella lo recibió.

«La Santísima Eucaristía es el don que Jesucristo hace de sí mismo, revelándonos el amor infinito de Dios por cada hombre. En este admirable Sacramento se manifiesta el amor "más grande", aquel que impulsa a "dar la vida por los propios amigos"» (Benedicto XVI, *El Sacramento de la Caridad,* n. 1).

El Señor instituyó el Sacramento de su Cuerpo y de su Sangre en momentos ya cercanos a su muerte, y después de haber lavado los pies a los apóstoles; nos dio así la lección más completa de su Amor, para que podamos vivir la Fe, la Esperanza y la Caridad, que nos harán descubrir un día el amor infinito que Dios nos tiene.

Cristo se hace Eucaristía, se encierra en el Sagrario, para que podamos encontrarlo siempre en nuestro caminar. Quiere compartir con nosotros, y que nosotros compartamos con Él nuestras alegrías y nuestras penas, nuestros dolores y nuestros momentos de gozo y de paz, y darnos la fuerza para mantenernos con paz y serenidad en medio de las contrariedades que podamos encontrar en nuestras vidas.

¿Cómo recibir todo el Amor de Cristo Eucaristía?

Nuestra mirada ha de buscar el rostro del Señor, oculto en la Eucaristía bajo las especies de pan y de vino. Y así llegará un día en el que se abrirán nuestros ojos, como se abrieron los ojos de los discípulos de Emaús, y descubriremos la cercanía amorosa de Cristo, como un día la descubrieron la Samaritana, la Cananea, Marta, Lázaro, María.

«No dejes la Visita al Santísimo. –Luego de la oración vocal que acostumbres, di a Jesús, realmente presente en el Sagrario, las preocupaciones de la jornada–. Y tendrás luces y ánimo para tu vida de cristiano» *(Camino,* 554).

El Señor se ha querido quedar en la Hostia Santa, y en el Sagrario para que le puedan encontrar todas las generaciones hasta el fin de los tiempos, y Él siga viviendo siempre con nosotros.

¿Cómo le encontramos? ¿Cómo podemos corresponder a ese anhelo de Jesús de acompañarnos en el caminar de nuestras vidas?

Adorándole y recibiéndole en la Sagrada Comunión.

Cuando le adoramos, cuando nos arrodillamos ante un Sagrario, Él ilumina nuestra inteligencia y nuestro corazón. Crecemos en Fe y en Esperanza, y nuestra inteligencia se abre al misterio de Amor de Dios.

Cuando lo recibimos en la Comunión, Él nos hace uno con Él, nos transforma, nos convierte; y así podamos descubrir que Él nos acompaña en todos los quehaceres de nuestra vida, en ese caminar diario con sus alegrías y sus penas, con sus preocupaciones y acciones de gracias.

«Se quedó para que le comas, para que le visites y le cuentes tus cosas y, tratándolo en la oración, junto al Sagrario y en la recepción del Sacramento, te enamores más cada día, y hagas que otras almas –¡muchas!– sigan igual camino» (Josemaría Escrivá, *Santo Rosario*).

«Pongámonos, sobre todo, a la escucha de María Santísima, en quien el Misterio eucarístico se muestra, más que en ninguna otra persona, como misterio de luz. Mirándola a Ella conocemos el mundo renovado por el amor. Al contemplarla asunta al cielo en alma y cuerpo, vemos un resquicio del "cielo nuevo" y de la "tierra nueva", que se abrirán ante nuestros ojos con la segunda venida de Cristo. La Eucaristía es ya aquí, en la tierra, su prenda y, en cierto modo, su anticipación: ¡Ven, Señor Jesús! *(Ap* 22, 20)» (Juan Pablo II, *Ecclesia de Eucharistia*, n. 62).

Junto a la Cruz

Durante los días de la Semana Santa, la Iglesia nos invita a poner nuestra atención en los sufrimientos que quiso vivir Nuestro Señor Jesucristo para llevar a cabo la redención del mundo del mal provocado por el pecado del hombre, que se rebeló contra Dios y quiso ser «dios» para sí mismo.

Se nos hace un poco difícil entender por qué Cristo, Dios y hombre verdadero, ha querido sufrir de esa manera. Cualquier acto suyo podía habernos redimido del pecado, y alcanzarnos la Gracia que nos moviera al arrepentimiento y le pudiéramos pedir perdón.

Contemplando la Pasión y Muerte de Jesús, descubrimos la cercanía que ha querido tener con nosotros. Que ha querido vivir el mal que nos hacemos los unos a los otros a causa del pecado, que nos aleja de Dios y nos enfrenta a Dios, para que perdiéramos todo miedo a Dios Padre, y le pudiéramos rogar que nos perdone y nos regale la Gracia de amarlo con todo el corazón, con toda el alma.

En estos días, la Iglesia está viviendo el sufrimiento del Hijo de Dios hecho hombre, Jesucristo, que carga con el pecado del mundo, con el pecado de cada uno de nosotros. Vence y nos invita, con su Amor que lo sostiene clavado en la Cruz, a que le pidamos perdón arrepentidos de nuestros pecados, para que Él tenga la alegría de perdonarnos y de decirnos, ahora y cuando concluya nuestro caminar en la tierra, las palabras que salieron de sus labios ante la petición del buen ladrón: *Hoy estarás conmigo en el Paraíso.*

El pueblo cristiano conmemora estos días, tratando de imaginar y de vivir, en la medida de lo posible, lo que aconteció aquellas fechas en Jerusalén. Procesiones con imágenes de Cristo atado a la columna, de Cristo abofeteado por los soldados romanos, con Jesús arrodillado en el huerto de los Olivos, Jesús Nazareno con la cruz a cuestas, en el suelo después de una caída bajo el peso del madero, crucificado en el Calvario, y exhalando el último suspiro al morir en la Cruz. Todas ellas invitan, a quienes contemplan las escenas, a querer vivir con Cristo esos momentos de su vida.

«El cordero inocente fue sacrificado en el altar de la cruz y, sin embargo, de la inmolación de la víctima brotó vida nueva: el poder del Maligno fue destruido por el poder del amor que se auto-sacrifica».

«La cruz es algo más grande y misterioso de lo que puede parecer a primera vista. Indudable-mente es un instrumento de tortura, de sufri-miento y derrota, pero al mismo tiempo muestra la completa transformación, la victoria defini-tiva sobre estos males, y esto la convierte en el símbolo más elocuente de la esperanza que el mundo haya visto jamás. Habla a todos los que sufren –los oprimidos, los enfermos, los pobres, los marginados, las víctimas de la violencia– y les ofrece la esperanza de que Dios puede convertir su dolor en alegría, su aislamiento en comunión, su muerte en vida. Ofrece esperanza ilimitada a nuestro mundo caído» (Benedicto XVI, homilía, 5-VI-2010).

Perdónales porque no saben lo que hacen.

Son las primeras palabras de Cristo en la Cruz, que nos invitan a arrancar de nuestro corazón cualquier rencor, deseo de venganza, de devolver mal por mal, para que, contemplándole a Él en la Cruz, aprendamos a perdonar y a descubrir la luz del Amor de Dios.

Tengo sed.

Son las penúltimas palabras dichas por Dios Hijo con su boca mortal. Son las palabras con las que concluye, exhausto y abatido, su caminar en la tierra.

Tiene sed de la conversión de los pecadores para que abran el corazón en arrepentimiento, y puedan llegar a vislumbrar el amor que Dios les tiene. Cristo vive la pena y el dolor de las almas que rechazan el Amor de Dios, escogen el infierno de sí mismos, y desprecian el Cielo que Dios les ofrece.

Tiene sed de saciar la sed de su Padre Dios, la sed que le ha traído al mundo buscando la Gloria a Dios y el bien de las criaturas. Tiene sed de: *Que todos los hombres se salven y lleguen al conocimiento de la Verdad (1 Tm 2, 4).*

Tiene sed de darnos vida, para que nuestro vivir se injerte en la vida de Dios Padre, Hijo y Espíritu Santo. Tiene sed del amor de los hombres, a quienes, clavado en la Cruz, está mostrando todo el Amor de Dios. Cristo tiene sed de darnos su Vida, su Amor, que calmará para siempre nuestra sed: *del agua que yo le dé no tendrá jamás sed, que el agua que yo le dé se hará en él una fuente que salte hasta la vida eterna (Jn 4, 14).*

«Hemos visto cómo san Pablo encontró en el "camino de la cruz" el celo de su fe y encendió la luz del amor. Hemos visto cómo san Agustín halló su camino. Lo mismo san Francisco de Asís, san Vicente de Paul, san Maximiliano Kolbe, la madre Teresa de Calcuta... Del mismo modo, también nosotros estamos invitados a encontrar nuestro lugar, a encontrar, como estos grandes y valientes santos, el camino con Jesús y por Jesús: el camino de la bondad, de la verdad; la valentía del amor» (Benedicto XVI, *Via Crucis*, 14-IV-2006).

Clavado en la Cruz, Cristo ha consumado el plan divino de la Creación, Redención y Santificación del hombre. Su misión no se concluirá hasta que el último hombre deje la tierra, y hasta el final de los tiempos permanecerá clavado en la Cruz con los brazos abiertos, mostrándonos el Amor divino que nos ha liberado del pecado y que quiere acogernos en su Amor, que nos hace fuertes para vencer todas las «insidias del diablo», que nos tentará siempre para que caigamos en querer ser «dios de nosotros mismos».

San Josemaría contemplando la Cruz consideraba que Cristo, clavado, sujeto a los maderos de la Cruz, espera de cada uno de nosotros una «limosna de amor». La omnipotencia divina pide a los hombres una limosna de amor. ¿Es posible dársela?

¿Podemos nosotros, criaturas mortales, saciar el hambre, la sed, del Hijo de Dios, por Quien fueron hechas todas las cosas, en el cielo y en la Tierra? Le ofrecemos esa «limosna de amor» cuando, con detalles de cariño, de amor, de fidelidad, de lealtad, de servicio, acompañamos a Cristo en su agonía, unidos al llanto y al estupor de las santas mujeres que estaban con la Virgen María al pie de la Cruz.

Todo está consumado, e inclinando la cabeza, entregó el espíritu (Jn 19, 30). Cristo abre nuestro espíritu a la luz, al calor del Amor de Dios; y nos prepara para vivir con Él, y en Él, la Resurrección.

II.
LOS MISTERIOS DOLOROSOS

La agonía el Señor en el Huerto de los Olivos

De rodillas, en el huerto de los olivos, en oración con Dios Padre, el Señor nos hace la misma invitación que le hizo a Pedro, a Juan y a Santiago: *Quedaos aquí y velad conmigo.*

Nos invita a rezar, a acompañarle en su Pasión; les está pidiendo a los apóstoles que vivan con Él los sufrimientos que se avecinan. Y con los Apóstoles nos invita a todos los creyentes a que unamos nuestras penas y dolores a los suyos, y a ofrecerlos a Dios Padre como señal de nuestro amor, de nuestro deseo de vivir siempre con Él y abrir nuestra alma, nuestro corazón para que Él pueda vivir en nosotros: *Vendremos y haremos en él morada.*

¿Por qué sufre Cristo? ¿Por quién sufre Cristo?

El Señor sufre hasta regar la tierra con gotas de su sangre. No entra en agonía ante la inminencia de la muerte dolorosa del Calvario. Jesucristo ni teme a la muerte, ni se amedrenta ante el dolor. Sufre porque sabe que los hombres podemos rechazar todo el amor de Dios Padre que Él nos manifiesta. Sufre porque está viviendo todo el peso del pecado de los hombres; todas las ofensas a Dios que los hombres vivimos con nuestros pecados. Sufre y llora por el mal que nos hacemos los hombres cuando rechazamos su presencia, su sacrificio, la redención que nos ofrece con el perdón de nuestros pecados.

Triste está mi alma hasta la muerte; quedaos aquí y velad conmigo.

¿Qué tristeza inunda el alma del Hijo de Dios hecho hombre?

Un Misterio que nunca llegará mente humana a descifrar en la plenitud de su significado. ¿Nuestros pecados, nuestro desprecio del amor de Dios? ¿Nuestra desobediencia a las palabras amorosas de Jesús, que ha querido reunirnos bajo sus alas, y nosotros no hemos querido acercarnos a Él?

El Hijo de Dios se ha encarnado para vivir con cada hombre, y vencer en Él la muerte y el pecado. Sufre por todos nosotros, cuando ve que llenamos hasta el borde el cáliz de su dolor, cuando rechazamos su victoria sobre la muerte y el pecado, y seguimos muertos en nuestros pecados.

Contemplándole de rodillas en el huerto de los olivos, podemos pensar que Jesucristo sufre por el mal que los hombres nos hacemos cuando rechazamos su Pasión y su muerte, y seguimos enfangados en nuestro pecado.

Y sufre también para que lleguemos a entender que Él nos va a acompañar en todos los sufrimientos que nos inflijamos los unos a los otros; para que demos un sentido a nuestros sufrimientos, los unamos a los suyos, y co-redimamos el mundo con Él.

A Judas, que va a saludarle para entregarle a los soldados, Jesús le llama Amigo, y le dice:

Judas, ¿con un beso entregas al Hijo el Hombre?

Judas le rechazó, le abandonó, le traicionó.

Hasta el fin del mundo, los hombres permaneceremos en silencio, desconcertados, maravillados, ante Cristo orante, arrodillado, postrado, lleno su rostro de sudor de sangre, en el huerto de los Olivos.

Une Su Voluntad a la del Padre, porque está sufriendo, muriendo, *para que todos los hombres se salven y lleguen al conocimiento de la Verdad.*

A los Apóstoles, y a nosotros, nos dice: *Velad y orad para no caer en tentación; el espíritu está pronto, pero la carne es débil.*

Triste está mi alma hasta la muerte; quedaos aquí y velad conmigo (Mt 26, 38).

En el sufrimiento, ora; en la tristeza, ora.

Padre mío, si es posible, que pase de mí este cáliz, pero no sea como Yo quiero, sino como quieras Tú (Mt 26, 39).

Los hombres no tenemos palabras para expresar el dolor del Señor y quedaremos en silencio ante Cristo orante en Getsemaní. El Señor ha invitado a los Apóstoles que le acompañan, Pedro, Juan, Andrés, a velar con Él. No solo el miedo, el misterio les vence, y quedan dormidos.

Simón, ¿duermes? ¿No has sido capaz de velar una hora conmigo? Velad y orad para no caer en tentación; el espíritu está pronto, pero la carne es débil (Mc 14, 37-38).

¿Quién puede acompañar a Cristo en vivir el dolor por el pecado del mundo, por la obstinación de los pecadores que rechazan el abrazo amoroso de su misericordia, porque no quieren pedir perdón de sus pecados?

Reza a Dios Padre; y nos invita a rezar en todos nuestros sufrimientos, en todas nuestras penas, muy unidos a Él. Él quiere que le acompañemos en sus sufrimientos que padece por nuestro amor; para así darle entrada en nuestro corazón, y poder Él acompañarnos en nuestros propios sufrimientos, en nuestras propias penas; y manifestarnos todo el Amor que nos tiene.

La Flagelación del Señor

«Atado a la columna. Lleno de llagas. Suena el golpear de las correas sobre su carne rota, sobre su carne sin mancilla, que padece por tu carne pecadora – Más golpes. Más saña. Más aún... Es el colmo de la humana crueldad» (San Josemaría, *Santo Rosario*).

El Señor no necesita estos golpes para redimirnos de nuestros pecados. Los sufre, para acompañarnos, para decirnos que está a nuestro lado, cuando el sufrimiento, corporal, espiritual, del alma, se hace más hondo en nuestra vida, y nos encontramos a merced de todos los que quieran golpearnos, insultarnos, martirizarnos, con palabras o con hechos.

Nos dan pena los soldados romanos que golpearon al Señor con sus látigos. Más que esos latigazos, al Señor le duelen nuestras faltas de amor, el desprecio con el que tantas veces le podemos tratar, la indiferencia que le manifestamos con nuestra falta de piedad.

Los soldados romanos que se burlaban entonces de Cristo, hoy son todos los que no quieren reconocer sus pecados y descargan su rabia contra Dios, contra Cristo. ¿Hemos perdido la conciencia de pecado? ¿Rechazamos reconocer la conciencia del pecado porque nos atormenta y no queremos arrepentirnos, arrodillarnos ante Él, atado a la columna, y pedirle perdón?

Miremos a Cristo encorvado y sujeto a la columna. Su cuerpo reacciona a cada golpe, su cuerpo sangra. Su boca y su corazón no se quejan. Su alma se eleva a su Padre Dios y pide que nosotros descubramos el Amor que le tiene sujeto a la columna y, enamorados de Él, ofrezcamos todas nuestras penas y dolores por la Redención del mundo.

Tomó entonces Pilato a Jesús, y mandó azotarle (Jn 19, 1).

Los hombres que custodiaban a Jesús se mofaban de Él y le golpeaban. Entonces, tapándole la cara, le preguntaban: Profetiza, ¿quién es el que te ha pegado? (Lc 26, 63-64).

«Suena el golpear de las correas sobre su carne rota, sobre su carne sin mancilla, que padece por tu carne pecadora» (*Santo Rosario,* Josemaría Escrivá).

En el golpear de los látigos se esconde la maldad del pecado de los hombres, de nuestros pecados, de los pecados de la humanidad. Sobre las espaldas de Cristo cae el peso de todos los escándalos, de todos los males que los hombres nos provocamos unos a otros, desde los crímenes del aborto, hasta el exterminio de pueblos por motivos de fe, de odio. Hasta las más abominables torpezas hechas por los hombres, ocultas a los ojos de la humanidad y patentes a la vista de Dios.

Pilato, sin saber ya qué hacer, advertido por su mujer para que no se mezclara *en el asunto de este justo; pues hoy en sueños he sufrido mucho por su causa (Mt 27, 19), tomó a Jesús y mandó que lo azotaran (Jn 19, 1).*

Sin saberlo estaba cumpliendo lo que el mismo Jesucristo había anunciado acerca de Él mismo: *será entregado a los gentiles, y se burlarán de Él, será insultado y escupido; y después de azotarlo, lo matarán; y al tercer día resucitará (Lc 18, 32).*

Quizá Pilato llegó a pensar que, cuando los que pedían su muerte lo vieran maltratado, azotado, se conmoverían y pedirían que lo dejara en libertad.

No fue así; y sobre el cuerpo de Cristo los hombres de todos los tiempos hemos descargado nuestras miserias, la rabia por nuestros propios pecados, todos los deseos de venganza y de odio, que el corazón humano puede llegar a engendrar. Y seguimos descargando golpes contra las cruces, contra las imágenes de Cristo Crucificado, como queriendo borrar de nuestro espíritu el mal cometido.

Atado a una columna, Cristo sufre en silencio los latigazos, uno a uno.

«Al cabo, rendidos, desatan a Jesús. –Y el cuerpo de Cristo se rinde también al dolor y cae, como un gusano, tronchado y medio muerto» *(Santo Rosario,* Josemaría Escrivá).

No dice ninguna palabra. Cristo espera que, al verle así maltratado, le pidamos perdón por nuestros pecados y, arrepentidos, le amemos de todo corazón. Un beso a sus heridas cura por amor todas las llagas. Y con Tomás, podemos meter nuestras manos en su costado abierto y, en el silencio y dolor de nuestro espíritu, le podemos decir: ¡Señor mío, y Dios mío!

La coronación de espinas

Le desnudaron, le pusieron una túnica roja y, trenzando una corona de espinas, se la pusieron en la cabeza, y en su mano derecha una caña: se arrodillaban ante él y se burlaban diciendo: Salve, Rey de los judíos (Mt 27, 28-29).

Los soldados le condujeron dentro del patio, que es el Pretorio, y convocaron toda la cohorte. Lo vistieron de púrpura y trenzando una corona de espinas se la pusieron en la cabeza. Y comenzaron a saludarle: Salve, Rey de los judíos. Y golpeaban su cabeza con una caña, le escupían e hincando las rodillas, le adoraban (Mc 15, 16-19).

Las espinas hieren su cabeza; las blasfemias, los pecados, el odio a Dios hieren su Espíritu.

Los insultos, los desprecios, las burlas coronan su Cuerpo preparado ya para la Crucifixión.

Los gestos, las palabras y los detalles de amor de nuestros corazones, que le manifiestan nuestra Fe, nuestra Esperanza, nuestra Caridad, sacian su sed de Amor, y coronan su anhelo de redimirnos, al proclamarlo Rey de nuestros corazones.

El Señor sufre con paciencia, y nos enseña así a tener paz en medio de todas las contrariedades y sufrimientos que nos podamos encontrar.

Los soldados le coronaron de espinas; los pecados de todos nosotros le vuelven a coronar todos los días. Él, paciente, nos corona con el perdón cuando arrepentidos nos arrodillamos ante Él y acudimos a su misericordia; y nos invita a seguirle hasta el Calvario, hasta la Cruz, hasta la Resurrección.

El Creador del Universo, el Rey de Cielos y Tierra, está sentado en la prisión del palacio de Herodes, coronado de espinas.

El Señor, paciente, sumiso, misericordioso, deja que sus criaturas, hombres a quienes Él ha dado el aliento de vida, la luz de su inteligencia, le claven a martillazos una tosca corona de espinas: cada espina penetra en su cabeza.

Y de rodillas, a su alrededor, después de ponerle una caña en su mano derecha, se burlaban de Él diciendo: *Salve, Rey de los judíos.*

La corona de espinas son nuestros pecados, son las rebeliones del hombre contra el amor de Dios, contra el amor a sus hermanos, los hijos de Dios.

Pilato muestra a Cristo al pueblo: *Jesús salió fuera llevando la corona de espinas y el manto de púrpura.*

Las palabras blasfemas, los actos sacrílegos contra la Eucaristía, el odio del hombre contra el amor de Dios, son las espinas que coronarán a Cristo hasta el fin de los tiempos.

El Señor se entrega sin abrir la boca, sin una protesta a las burlas y chanzas de los soldados. No le basta a Jesús sufrir por los pecados de los hombres, por nuestros pecados; no le basta sufrir en silencio rogando a Dios Padre por quienes le maltratamos, por quienes le ofendemos. Permite que se burlen de Él.

«La corona de espinas, hincada a martillazos, le hace Rey de burlas» *(Santo Rosario,* Josemaría Escrivá).

¡Cuántas *espinas* clavadas en su cabeza, en su corazón! ¡Cuántos desprecios a su cercanía a los hombres! ¡Cuántas puertas cerradas a sus llamadas continuas a amar, a perdonar, a servir, a dar la vida por los demás!

San Pablo le dice a los Gálatas: *No os engañéis; de Dios nadie se burla. Lo que el hombre sembrare, eso cosechará (Ga 6, 7).*

Lo sufre todo para que un día lleguemos a vislumbrar todo el Amor que nos tiene; todo el Amor que quiere que descubramos en su humillación, para que siempre queramos pedirle perdón por nuestros pecados, por nuestras ofensas. Para que su Amor nos una a Él, y aprendamos a sufrir con paciencia y serenidad las ofensas, las injusticias que podamos recibir de los demás.

Jesús con la Cruz a cuestas

Cristo azotado, coronado de espinas, exhausto, carga con la Cruz, y camina hacia el Calvario.

El cortejo se abre paso en medio de la multitud, y Cristo cae una, dos, tres veces. Los soldados, que quieren que llegue vivo al Calvario, obligan a Simón de Cirene que tome la Cruz y ayude a Cristo.

La Verónica se abre paso entre los que insultan y desprecian a Cristo, y consigue llegar ante el Señor. Los soldados, conmovidos, paran el cortejo y dejan que la mujer enjuague y limpie el rostro el Señor; y le consuele con ese gesto de amor y de cariño. ¡Qué mirada de agradecimiento habrá dirigido el Señor a la mujer, arrodillada ante Él!

Los Apóstoles y los pocos discípulos que le habían seguido hasta allí, le abandonan. ¿Cómo es posible que Quien ha resucitado a un muerto se deje maltratar, insultar, despreciar, de esta manera?

Entre la multitud que acompaña el paso del cortejo, unos le insultaban, otros se condolían de Él. El Señor se para ante su Madre y las santas mujeres, y las consuela:

Hijas de Jerusalén, no lloréis por mí, llorad más bien por vosotras mismas y por vuestros hijos.

Cristo sufre para redimir nuestros pecados, para hacernos fuertes ante las insidias de satanás, para acompañarnos en todos nuestros dolores, penas, sufrimientos.

Le hemos dejado solo con su Cruz; Él no nos dejará jamás solos en nuestras cruces de cada día.

Digamos a Cristo una palabra de amor y de cariño; pidámosle perdón por nuestros pecados. ¡Es el triunfo de su Pasión en nuestros corazones, en nuestras almas!

Insultos, gritos, amenazas de los que le odian; silencio, llanto, lamento de los que le aman, acompañan a Cristo en la subida al monte Calvario.

El peso del travesaño de la cruz hunde su cuerpo ya destrozado por la flagelación, por la coronación de espinas.

Es el alma de Cristo la que sufre y carga con la verdadera Cruz. La Cruz de nuestros pecados, la Cruz de todas las maldades que los hombres hemos ido acumulando sobre el Corazón del Señor, a lo largo de los siglos, y hasta el final de los tiempos.

«A nuestra reincidencia en el mal, responde Jesús con su insistencia en redimirnos, con abundancia de perdón. Y para que nadie desespere, vuelve a alzarse fatigosamente abrazado a la Cruz» (Josemaría Escrivá, *Via Crucis*).

En el camino, consuela a su Madre y a las santas mujeres que le acompañan; y encuentra el consuelo del paño de la Verónica.

Este es el gran consuelo que podemos dar nosotros a Nuestro Señor, tan maltratado: pedir perdón de todo corazón por nuestros pecados; y decirle, allá en el fondo del alma, que sus sacrificios, su Cruz, han abierto en nuestros corazones la capacidad de perdonar, de esperar, de amar.

A lo largo del camino hacia el Calvario, la tradición nos ha transmitido las tres caídas del Señor, bajo el aplastante peso de la Cruz.

La Vía Dolorosa es el camino de nuestra redención. Se cae una y otra vez, y el madero hiere sus espaldas hasta dejarlo postrado en tierra.

Los soldados fuerzan a Simón de Cirene a ayudar a Cristo a llevar la Cruz. La ayuda de Simón no impide que Cristo vuelva a caer. Está desfallecido por los azotes, y por las espinas clavadas en su cabeza, que le acompañan también llevando la Cruz.

Ayudado por Simón de Cirene vuelve a cargar con la Cruz, y sigue caminando. Su andar es la semilla de nuestra esperanza.

Se ha hecho de tal manera uno de nosotros, que vive en su cuerpo, no solo en su alma, todas las consecuencias del mal que el hombre se infringe a sí mismo con el pecado.

«Y con el pecado entró en el mundo el dolor y la muerte» (cfr. *Rm* 5, 12).

Se desploma en su carne humana; y nos ayuda a pensar que quiere que nosotros nos levantemos con Él, y le dejemos que nos alce también a nosotros en nuestro ser «hijos de Dios», con la Gracia que nos hace vivir «cierta participación de la naturaleza divina».

Él nos consuela en nuestros dolores, es nuestro Cireneo en todas las cruces que encontramos en nuestro camino. Y contemplando sus caídas, viviendo los insultos que recibe, viendo llorar a quienes le aman, le acompañamos hasta la cima del Calvario, hasta el pie de la Cruz

Jesús muere en la Cruz

A martillazos clavan a Cristo en la Cruz. Comienza la agonía del Hijo de Dios: está viviendo y redimiendo la muerte del hombre.

Perdónales, porque no saben lo que hacen.

Nos redime, y perdona nuestros pecados. «Nadie ama tanto como el que da su vida por sus amigos» (cfr. *Jn* 5, 13). Él da la vida; vive la muerte; y nos da su Amor, perdonándonos.

¿Por qué me has abandonado?

En su muerte por los pecadores, Cristo está solo. Dios Padre no se ha hecho hombre. Cristo, Dios Hijo al hacerse hombre *se ha hecho pecado (2 Co* 5, 21); carga Él solo con los pecados de los hombres; de todos los hombres desde Adán hasta el último que verá el amanecer del sol en esta tierra.

En tus manos encomiendo mi espíritu.

Cristo vive su Pasión y Muerte en el seno de la Santísima Trinidad. El Amor de Dios Padre se estremece. El Pecado y la Muerte han sido vencidos para siempre. Y nos enseña a abandonarnos, con fe, esperanza y caridad, en las manos de Dios Padre.

Ahí tienes a tu hijo; Ahí tienes a tu Madre.

Con nuestra Madre Santa María vivimos con Cristo todos los días de nuestra vida. Con Ella estamos al pie de la Cruz; con Ella vivimos la Resurrección.

Hoy estarás conmigo en el Paraíso.

Palabras que oye el buen ladrón; palabras que pedimos a la Virgen que también oigamos nosotros en nuestro último día en la tierra.

Solo, rodeado de ojos que le miran con amor, y con odio; con compasión y desprecio; rodeado de corazones que lloran, y que le insultan; que piden perdón, y que se alegran de verlo clavado en la Cruz.

Cristo, solo, abandonado de todos los hombres, ofrece su pasión, su muerte, en redención y salvación de los hombres. Da su vida, vive nuestra muerte; carga con nuestro pecado, y desde la Cruz, nos da Su Vida, perdonándonos nuestros pecados.

¿Miramos a Cristo con la mirada del buen ladrón, que pide perdón con toda su alma, y recibe la Fe de descubrir al Hijo de Dios en Aquel hombre que agoniza ante sus ojos; y tiene la osadía de pedirle un puesto en su Corazón cuando llegue al Cielo?

¿Miramos a Cristo con los ojos de los soldados que se burlan de Él; que le maltratan; que descargan sobre su cuerpo exhausto sus miserias, sus iras, sus fracasos, sus maldades?

¿Miramos a Cristo con los ojos del Centurión, que en el silencio de su alma contempla las reacciones de Cristo en la Cruz; descubre su mansedumbre al perdonar a quienes le están matando; abre su inteligencia al Amor con el que Cristo abre las puertas de su Reino al buen ladrón, y confiesa con humildad la Verdad que acaba de descubrir: «En verdad este hombre es el Hijo de Dios»?

«Ante Cristo crucificado, *fuerza de Dios y sabiduría de Dios (1 Co* 1, 24), nosotros los cristianos estamos llamados a contemplar el misterio del Amor no amado, y a derramar misericordia sobre el mundo» (Francisco, Asís, 20-XI-2016).

La vida humana de Cristo se extingue por momentos.

Tengo sed.

¿Podemos saciar la Sed de Cristo? Miramos al Crucificado y, con el Centurión, decimos: *Verdaderamente, este es el Hijo de Dios.* Cristo tiene sed de nuestra fe, de nuestro amor.

Esta exclamación de Cristo seguirá llegando al oído, al corazón de todos los cristianos, hasta el fin del mundo.

«El Señor tiene sed de una "limosna de amor"» (san Josemaría).

«¿De qué tiene sed el Señor?, se pregunta el papa Francisco. Ciertamente, de agua, elemento esencial para la vida. Pero sobre todo de amor, elemento no menos esencial para vivir. Tiene sed de darnos el agua viva de su amor, pero también de recibir nuestro amor» (Asís, ib.).

Solo podemos calmar esta sed de amor de Cristo viviendo corazón a corazón con su Madre

Santísima, y amando con Ella a todos los hombres por los que Cristo muere.

Ahí tienes a tu hijo; Ahí tienes a tu Madre.

Cristo nos da a María, su Madre, por madre nuestra. Con Ella queremos vivir estos días, y toda nuestra vida, al pie de la Cruz; abrir nuestras almas al Amor de Jesucristo, pedirle perdón por nuestros pecados, por nuestras faltas de amor; y, con Ella, nuestro corazón se abrirá a la luz, a la Vida de la Resurrección.

Y dicho esto, expiró.

Con María al pie de la Cruz

Miremos a Cristo traspasado, muerto. Y con María, vivamos nuestra cruz de cada día unidos a la Cruz de Cristo, con la esperanza de la Resurrección.

La Virgen Santísima, que acompañó con las santas mujeres el caminar de Cristo hasta el Calvario, nos fortalecerá en nuestros pasos sobre la tierra, nos enseñará a pedir a su Hijo que nos aumente siempre la Fe, y nos enseñe a amar con su Corazón. Y con Ella, viviremos en la espera de la Resurrección.

Acompañando a la Santísima Virgen, le pedimos que nos ayude a descubrir el Amor de su Hijo:

«Mira con qué amor se abraza a la Cruz. – Aprende de Él. – Jesús lleva la Cruz por ti: tú, llévala por Jesús» *(Camino, Via Crucis)*.

«Ama el sacrificio, que es fuente de vida interior. Ama la Cruz, que es altar del sacrificio. Ama el dolor, hasta beber, como Cristo, las heces del cáliz» *(Via Crucis, XII)*.

Que nosotros acompañemos a Cristo en la oración, en el dolor; en compañía de la Virgen Santa María; y Él estará siempre con nosotros en nuestras penas y dolores.

María, «Refugio de los pecadores», nos enseñará a pedir perdón por nuestros pecados, y consolar así la tristeza de su Hijo.

La Virgen Santísima, que ha vivido en su corazón toda la Pasión de su Hijo; nos enseñará, nos ayudará a vivir con Él en nuestras penas y dolores, y ofrecerlas, como se ofreció Cristo, por la salvación del mundo.

Y la Virgen Santísima –«Consoladora de los afligidos»– nos hará descubrir en cada sufrimiento la alegría de la Resurrección.

Hasta el fin de los tiempos, los hombres seguiremos azotando a Cristo con nuestras miserias. Contemplemos, en compañía de la Virgen, la flagelación y, arrepentidos y pidiéndole perdón, demos al Señor la alegría de absolvernos de nuestros pecados en el sacramento de la Reconciliación.

La Virgen María nos enseñará a contemplar con Ella la Flagelación de su Hijo.

Santa María nos acompaña y contempla la escena con nosotros. «He aquí el hombre. He aquí Dios».

Acompañamos a la Virgen viviendo la Pasión del Señor. Que Ella nos enseñe a desagraviar a Cristo con el amor con que lo recibimos en la Comunión.

La Virgen María, la Madre de Dios, sufre con su Hijo; reza con su Hijo y nos invita para que, con Ella y con nuestro amor, arranquemos una a una todas las espinas de la Corona que hace sufrir a Jesús.

III.
ESCENAS EN EL CALVARIO

Ángeles en el Calvario

En la oscuridad del Calvario, acompañando al Hijo de Dios, que vive la muerte del hombre y carga con el pecado del mundo, los Ángeles extasiados, mudos, guardan silencio.

Están oyendo el murmullo de las voces alteradas insultando a Jesucristo. Le quieren tentar para que abandone la Cruz y no redima a este mundo miserable. Le tientan para que manifieste su Poder, y se olvide de su Amor y de su Misericordia.

En su día, los Ángeles anunciaron gozosos la venida del Salvador a la tierra.

Gloria a Dios en el Cielo y Paz en la tierra a los hombres de buena voluntad.

Y ahora contemplan, asombrados y maravillados, el abandono de los discípulos, la cobardía y el miedo de los Apóstoles; el rechazo de los sacerdotes, de los escribas, de los fariseos que le acusan de blasfemar contra la Ley.

En el Calvario, ¿ni un hombre de buena voluntad está al lado del Hijo de Dios, del Hijo de su Creador y Padre?

Los Ángeles se unen a los hombres y a las mujeres que, llorando y dándose golpes de pecho, descienden del Calvario pidiendo a Dios perdón y misericordia.

San Miguel, vencedor del Dragón, de Satanás, vive la indiferencia de la cohorte romana, que aplica al pie de la letra el protocolo de la crucifixión. Y lo hace, sin que ninguno de los soldados se inmute. ¿Dónde está la Gloria de Dios? Su grito: *¡Quién como Dios!,* se agota en el silencio y en el llanto; y en el desprecio de quienes siguen insultando a Cristo en la Cruz.

San Gabriel un día dijo a María, en el recogimiento de la oración: *No temas, María, has hallado gracia ante Dios. Concebirás en tu seno y darás a luz un hijo, y le pondrás por nombre Jesús. Este será grande, se llamará Hijo del Altísimo, el Señor Dios le dará el trono de David, su padre, reinará eternamente sobre la casa de Jacob y su reino no tendrá fin (Lc 1,* 30-33). Hoy guarda silencio. ¿Un Rey eterno muerto, crucificado, blasfemado, clavado en una Cruz? Su reino ¿no tendrá fin?

San Gabriel acompaña a la Virgen María en la soledad de la muerte de su Hijo en la Cruz. El Arcángel sabe que «no hay dolor como su dolor». Y en silencio, como un día contempló la humildad de la Madre de Dios, contempla ahora, mudo, la humildad de Dios.

Se anonadó a Sí mismo tomando la forma de siervo, haciéndose semejante a los hombres; y, en su condición de hombre, se humillo a Sí mismo haciéndose obediente hasta la muerte, y muerte de Cruz (Flp 2, 7-8).

Y con los Ángeles, toda la creación contempla en silencio, muda, la muerte de su Creador. Las entrañas del universo se conmueven. Él, que nos ha dado la Vida, ¿es vencido por la muerte?

Por el pecado entró la muerte en el mundo. Y con la muerte y el pecado, la destrucción del hombre, la destrucción de la criatura querida y amada por Dios, a la que ha creado «a su imagen y semejanza».

¿Puede el Creador abandonar el hombre a su suerte, dejar que el hombre y el diablo, que fue el primero que pecó, destruyan su obra?

Atónitos ante la Cruz del Señor, los Ángeles piden perdón por el pecado de los Ángeles rebeldes; por la ofensa de Satanás y sus compañeros, y se conmueven al oír las palabras de Cristo:

Padre, ¿por qué me has abandonado?

Todos a una, los Ángeles y los Arcángeles, los Serafines y los Querubines, los Tronos, las Potestades y las Dominaciones, toda la corte celestial, elevan su corazón arrepentido y lo dejan ante Dios Padre. Quieren vivir con Cristo el peso del pecado; y se unen al clamor de todos los pecadores arrepentidos del mundo.

«Perdona a tu pueblo, Señor, perdona a tu pueblo, perdónale, Señor».

Y en silencio de lágrimas, acompañan a Cristo en su último suspiro. Y arrepentidos, claman a la Misericordia, le dicen:

Por los tres clavos que te clavaron
Por las espinas que te punzaron
Por la apertura de tu costado
No estés eternamente enojado.
Perdónale, Señor.

Cristo escucha en silencio, y en la paz del triunfo sobre el pecado y sobre la muerte, anuncia ya la Resurrección y dice su última palabra a Dios Padre.

En tus manos encomiendo mi espíritu. Y dicho esto, expiró.

Por las tres horas de agonía
En que por Madre diste a María
Perdónale, Señor.

El silencio de los Ángeles, de los hombres, de las altas montañas, de las simas del mar profundo, del latir del corazón de un recién nacido, cerraron el firmamento la noche del Viernes Santo, en espera de la Resurrección.

Los Apóstoles ante la Cruz

Pedro trata de acompañar a Jesús en los pasos de su anunciada Pasión –le había dicho: *Señor, estoy dispuesto a ir contigo hasta la cárcel y hasta la muerte (Lc 22, 33)* y *Aunque tenga que morir contigo, jamás te negaré (Mt 26, 35)*–, y se expone con valentía a todos los peligros mezclándose con los curiosos que se meten en el patio del palacio de Caifás.

Los insultos, las blasfemias que recibe Jesús, le conmueven; y a la vez, le hacen temblar, le llenan de miedo, de pánico. Bastan las insidiosas palabras de una criada para romper su espíritu.

Todas sus promesas de fidelidad a Cristo, de llegar a morir con Él, se desvanecen. Después de negar tres veces haberle conocido, al oír el canto del gallo, recuerda las palabras del Señor –*Te aseguro, Pedro, que no cantará hoy el gallo sin que hayas negado tres veces haberme conocido (Lc 22, 34)*–, y asume arrepentido la traición al Maestro. La mirada misericordiosa de Jesús, que regresa del interrogatorio con Caifás, le pone delante de su miseria, de su pena, de su dolor. Llora amargamente, y se pierde en la noche.

¿Se une a los demás Apóstoles que contemplan desde lejos, perdidos entre los curiosos que siguen la escena, la Crucifixión del Salvador, del Mesías?

Juan es el otro apóstol que aparece mencionado acompañando a María y a las santas mujeres al pie de la Cruz. ¿Las acompaña él o son ellas quienes le acompañan y le dan fortaleza y serenidad para ver sufrir al Señor, oír el martilleo de los clavos que le fijan a la Cruz?

Estando al lado de María, y consciente de que «No hay dolor como su dolor», el joven Apóstol permanece en pie sostenido por la Mujer que el mismo Cristo le da por Madre; y en Juan, nos la da a todos los hijos de Dios.

Judas, el traidor, sigue a lo lejos todo el proceso. Tira en el templo las monedas de su traición; pero no se arrepiente. En el colmo de su fracaso y de su miseria, se ahorca, sin volver su mirada y su corazón al Crucificado que está dando su vida por él, y anhela salvarle del fuego del infierno.

¿Qué es de los otros nueve, los fundamentos sobre los que Jesús quiere dar vida a su Iglesia que durará hasta el final de los tiempos? Desaparecen del escenario de la Pasión y Muerte, después de que el Señor les lava los pies, los ordena sacerdotes y les manda celebrar la Eucaristía: *Haced esto en memoria mía*. ¿Qué ha sucedido en su alma?

El Señor les había anunciado con toda claridad lo que iba a sufrir. Al ver la realidad de las palabras del que ellos habían proclamado Mesías y Salvador de Israel, se descorazonan.

¿Dónde está el hombre que curaba enfermos, que echaba demonios, que hacía hablar a los mudos y oír a los sordos, que ponía en pie a los paralíticos, que resucitaba a los muertos, que calmaba las tempestades?

Habían discutido entre ellos quién era el mayor, y seguramente siguieron buscando quién podría ser el más fuerte, el más aguerrido. La frase de Tomás en la vuelta a Jerusalén –*Vayamos y muramos nosotros con Él (Jn* 11, 16– se pierde en el vacío, en el silencio que cubrió el Calvario después de la última palabra del Señor:

En Tus manos encomiendo mi Espíritu.

¿Todo se había acabado? ¿Qué había quedado de la roca sobre la que Cristo iba a sostener Su Iglesia? ¿Quién iba a prestar oídos a sus palabras si anunciaban al mundo a un hombre, a un Mesías, que muere despreciado por su pueblo, y abandonado por sus más íntimos seguidores? ¿Si no han sabido morir por Él, quién puede creer su testimonio?

La Virgen María recoge en sus brazos el cadáver del Hijo de Dios hecho hombre. Ya ha pisoteado la cabeza del diablo, y la luz de su alma en el entierro del cuerpo humano de su Hijo reúne a Pedro y todos los apóstoles, que salen de su atolondramiento, de su oscuridad, de su impotencia, y se acercan a la Madre de Dios.

María los recoge, y prepara su alma para que esté preparada a recibir al que va a Resucitar. Y comienza esa maravillosa misión que Dios Padre, Hijo y Espíritu le encomienda que realice en el corazón de todos los hombres: «María es la aurora del amanecer que esperamos» (san Josemaría Escrivá).

El amanecer Eterno. La Resurrección de Cristo.

Clamores blasfemos en el Calvario

Las gargantas comenzaron a lanzar sus gritos, apenas la caravana de los condenados a muerte se puso en marcha.

Nació en el silencio de Belén, y no encontró posada; muere en el Calvario rodeado del griterío de la muchedumbre que no le ha dejado entrar en su corazón, y quiere echarlo ahora de la faz de la tierra.

¡Si eres el hijo de Dios, desciende de la Cruz, y creeremos en ti!

¿Creerían?

Insultan, blasfeman, no se arrepienten, no se conmueven. Su voz es como la de los diablos que protestan ante la presencia de Cristo en la tierra: «has venido a atormentarnos».

Alzada la Cruz, Cristo abre sus brazos, y permanece en ella Crucificado.

Las voces son el clamor de todos los pecadores del mundo que no quieren pedir perdón al Hijo de Dios que se muere para redimirlos, para salvarlos de sus propias miserias. La voz de todos los que rechazan la salvación eterna que Cristo nos ofrece.

Es el grito del pecado que no quiere abandonar la tierra; es la queja del pecado que es derrotado en la Cruz y se ve arrojado eternamente al infierno. Es la protesta de los pecadores que no quieren ser perdonados, que se arrancan los ojos y viven en la oscuridad sin fin de su espíritu.

«Todos contra Él...: los de la ciudad y los extranjeros, y los fariseos y los soldados y los príncipes de los sacerdotes... Todos verdugos. Su Madre –mi Madre– María, llora» (san Josemaría, *Via Crucis,* IX).

Es el clamor de la muerte que no quiere ser un día Resurrección, y anhela hacer desaparecer al Crucificado de todas las Cruces alzadas en los caminos de los hombres.

¡Cuántas veces, Señor, me habéis llamado,
Y cuántas con vergüenza he respondido,
Desnudo como Adán, aunque vestido
De las hojas del árbol del pecado (Lope de Vega).

Los que pasaban le injuriaban, moviendo la cabeza y diciendo: ¡Ea! Tú que destruyes el Templo y lo edificas en tres días, sálvate a ti mismo, bajando de la Cruz (Mc 15, 29).

Clama el pueblo y sus autoridades. Los que se odian unos a otros, aúnan sus voces contra el Creador de todos, el Redentor de todos, el Salvador de todos.

Del mismo modo, los príncipes de los sacerdotes, burlándose entre ellos con los escribas, decían: Salvó a otros, y a sí mismo no puede salvarse. Que el Cristo, el Rey de Israel, baje ahora de la cruz, para que veamos y creamos (Mc 15, 31-32).

En medio de tanto clamor de rechazo y de odio, se eleva al cielo la silenciosa oración de los corazones afligidos que contemplan la voz quejosa de Cristo –*Tengo sed*–, se conmueven y anhelan calmar su sed pidiéndole perdón de sus pecados.

A ofrecerte, Señor, vengo,
Mi ser, mi vida, mi amor,
Mi alegría, mi dolor,
Cuanto puedo y cuanto tengo,
Cuanto me has dado, Señor (Pemán).

Se hace la noche, y las gargantas se cansan de gritar, de blasfemar. Se oyen los improperios.

«¡Pueblo mío! ¿Qué te he hecho, en qué te he ofendido? Respóndeme.

»Yo te guie cuarenta años en el desierto, te alimenté con el maná, te introduje en una tierra excelente; tú preparaste una cruz para tu Salvador».

Ya no se oyen insultos ni blasfemias. Cristo yace en el silencio de la Cruz, y en espera de recibir sepultura.

Crucificado, en sus tormentos, mira
Su primo, a quien llamó siempre el Amado,
Y el nombre de su Madre que ha guardado
Se lo dice con voz que el Cielo admira (Quevedo).

Después de darnos a María, su Madre; y de dejar su espíritu en las manos de Dios Padre, Cristo permanece clavado en la Cruz hasta el fin del mundo oyendo el silencioso musitar de las almas que lo aman, mientras el clamor de los blasfemos se precipita en el abismo, en el infierno:

Y, a cambio de esta alma llena
De amor que vengo a ofrecerte,
Dame una vida serena
Y una muerte santa y buena,
¡Cristo de la Buena Muerte! (Pemán).

El llanto de Pedro

Y lloró amargamente.

Pedro cruzó la mirada con Cristo en el pretorio del Sumo Sacerdote, después de haber negado tres veces conocerle. Su voz: *No lo conozco, mujer*, se convirtió en fuego en sus oídos; en hielo en su corazón.

La mirada de Cristo abrió de nuevo sus ojos a la luz, iluminó la tiniebla de la negación y de la traición. Jesús miró amorosamente a Judas, y le llamó «amigo». Judas volvió sus ojos a otro lugar, y hundió su alma en la tiniebla abismal de su propia miseria.

Pedro contempló el destello de las pupilas del Señor; bajó su mirada al suelo, avergonzado; y lloró amargamente. Y sus lágrimas se convirtieron en dolor, en arrepentimiento, en hambre de pedir perdón al Hijo de Dios hecho hombre; a Jesús, su amigo.

Apártate de mí, Señor, que soy un pobre pecador.

Cristo le miró, no se alejó de Pedro. Y Pedro le abrió su corazón, y el Señor habitó para siempre en su corazón.

Lloró amargamente.

Había negado a Aquel a quien más amaba; a Aquel por quien había dejado las redes a orillas del lago; las redes, y sus parientes; a Aquel, en quien había creído, a quien había confesado, en medio del abandono de todos, *porque Tú tienes palabras de vida eterna*; a Aquel a quien le había dicho:

Tú eres el Mesías, el Hijo de Dios.

¿A quién iremos?, se preguntó entonces.

Y lo negó tres veces; la primera, por miedo; la segunda, en plena desorientación de su espíritu; la tercera, en un instante de desamor.

¿Siguió Pedro el caminar de Cristo hasta el Calvario? ¿Abandonó su vergüenza y fue oyendo improperios, insultos, hasta contemplar la crucifixión del Señor?

El miedo acompañó su espíritu a lo largo de todo el camino del «Via Crucis». No paralizó el andar de sus pies; y llegó hasta muy cerca de la cruz, sin dejarse ver por María, la Madre de Jesús, ni de Juan, ni de las otras mujeres que le hacían compañía al pie de la Cruz. Venció el miedo para siempre en soledad con Cristo, abatido bajo el peso de la Cruz.

La desorientación le hizo vagar por la oscuridad en la que se había sumido la creación en la espera de ver morir a su Creador hecho hombre. Y acompañándole a lo lejos, la Cruz iluminó su corazón e indicó el camino a sus pies. Cristo cayó una y otra vez al suelo, y al ser clavado en la Cruz, Pedro revivió en su corazón las palabras del Señor:

Venid a mí todos los que estéis agobiados, y yo os aliviaré.

El desamor se convirtió en llanto, en agradecimiento. El alma de Pedro vivía ya con un corazón nuevo, «humillado y contrito», que el Señor no rechazaría jamás.

Simón, hijo de Juan, ¿me quieres?
Señor, Tú lo sabes todo; Tú sabes que yo te quiero.
Hasta los oídos de Pedro llegó el clamor de Cristo:
Dios mío, Dios mío, ¿por qué me has desamparado?
Seguido del abandono total:
Padre, en tus manos encomiendo mi espíritu.

El cuerpo de Pedro se estremeció; volvió su rostro a la Cruz, elevó los brazos hacia el Crucificado en el anhelo de recoger el cuerpo de Cristo que acababa de exhalar el último suspiro. El último aliento de su vida mortal, el último aliento que dio muerte a la muerte.

Tú eres Pedro, y sobre esta piedra edificaré mi Iglesia.
Bajando del Calvario, en un cruce de caminos, Simón, el hijo de Juan, convertido ya en Pedro, se unió al pequeño grupo de discípulos, de Apóstoles, que se habían agrupado al amparo de María, en espera de la Resurrección.

Gritos e insultos en el Calvario

Solo con la muerte de Cristo se hizo el silencio en el monte Calvario. El silencio convertido en llanto, en dolor y pena, acompañó al sepulcro el cuerpo muerto de Jesucristo.

Solo cuando la obra redentora de Cristo haya alcanzado al último elegido, el Calvario se descubrirá rodeado, transformado en silencio. El silencio convertido en gloria y gozo de la Resurrección.

Los que pasaban por allí lo insultaban moviendo la cabeza y diciendo: «Bah. Tú que destruías el templo y lo edificabas en tres días, sálvate a ti mismo y baja de la Cruz». Del mismo modo, los sumos sacerdotes y los maestros de la Ley se burlaban de él... Los que estaban crucificados con él también lo insultaban (Mc 15, 29-32).

Gritos e insultos se suceden sin interrupción, y continuarán hasta el fin de los tiempos. Y Cristo seguirá clavado en la Cruz, recibiendo los insultos, escuchando los gritos, hasta que su palabra *Todo está consumado*, convierta la realidad del pecado más recóndito de la vida del hombre, la llene de su Luz, y abra el alma a la Gracia y a la Gloria de Dios.

¿Por qué?

Los insultos cambian de matiz, de tono. Las palabras apenas varían. El lenguaje del hombre es muy limitado, y ni en el bien ni en el mal alcanza niveles creativos sublimes.

En la algazara del desconcierto por la Muerte en la Cruz del Hijo de Dios hecho hombre, todos alzan la voz hacia Dios, el Enemigo.

Y unen sus voces, los Pilatos de todos los rincones de la tierra que defienden sus abusos de poder, preguntando: «¿Qué es la Verdad?».

Todos los Herodes del mundo, que no soportan la mirada de Cristo ni en el rostro de un niño, ni en el rostro de un Crucificado a muerte. ¿Les aviva en el alma la conciencia de la verdad de servir? ¿De que el poder, si no es servicio, es abominable?

Todos los «malos ladrones» de la tierra, que al cabo de los años de corrupción encuentran sus manos llenas de podredumbre, miseria, soledad; y no soportan el Perdón que la mirada de Cristo les ofrece desde la Cruz.

«No me redimas», parecen gritarle: «¿Quién te da derecho a morir por mí? ¿Qué quieres, que yo te ame y te pida perdón porque te dices Dios y mueres por mí? Tu muerte es cosa tuya, no mía». Y sus gritos se pierden en el infinito abismo vacío –en el infierno-soledad– de su espíritu.

Cristo permanece clavado en la Cruz.

Y toda la gente que había asistido al espectáculo, al ver lo sucedido, regresaba dándose golpes de pecho (Lc 23, 48).

La Cruz de Jesucristo seguirá alzada en el Calvario hasta la mirada del último hombre sobre la tierra, para recibir el último desprecio del hombre, la última mirada despectiva del hombre que echa en cara a Dios el Amor con que nos ha creado, el Amor con el que nos ha redimido, el Amor que solo puede abrirnos las puertas del Cielo.

Cristo, clavado en la Cruz, espera paciente esa mirada, en la esperanza de que quien le contempla, quien le mire, se convierta, abra sus ojos a la luz de Sus ojos, y no se cierre dentro de la miseria de su oscuridad, dentro de las puertas de sí mismo, dentro en su propio Infierno. Infinita soledad.

«Señor, ten misericordia».

Hasta el fin del mundo elevarán su mirada a la Cruz todos los que han encontrado a María Santísima en su «Via Crucis», todos los «buenos ladrones» que no han tenido vergüenza de presentarse en toda su miseria ante Dios, todos los pecadores arrepentidos, todos los publicanos que esconden su alegría, su dolor, su amor en un rincón escondido de un templo, y que apenas osan elevar los ojos ante Cristo crucificado.

Todos, como un coro de ángeles, le dirán:

«Acuérdate de mí cuando estés en Tu reino; que toda mi vida es Tu recuerdo, Señor».

Y Jesucristo les sonreirá desde la Cruz, y les dirá en gozo ya de la Resurrección:

«Hoy estaréis conmigo en el Paraíso».

Judas y Dimas: dos hombres ante la Cruz

Hay hechos que son noticia un día; otros acontecimientos lo son durante unos meses, otros, una temporada de tiempo más o menos larga; algunos quedan en la memoria de los hombres de los pueblos, años y años, siglos, y después, desaparecen también.

Solo un hecho histórico, en la larga trayectoria del hombre sobre la tierra, será noticia hasta que el tiempo deje paso a la eternidad, y la historia del hombre concluya su caminar, que lo acabará.

Este hecho es la Muerte y la Resurrección de Jesucristo, Dios y Hombre verdadero; y es noticia también en estos días, en este año.

Cada uno recibe las noticias a su manera, con su inteligencia, con su corazón, con sus sentimientos. En aquellos momentos, dos hombres estaban ante la Cruz de Cristo; contemplaron a Cristo en el Calvario y siguieron con la mirada todos los movimientos del Crucificado. Vivieron esos momentos de muy diferente manera. Desde entonces, y sin quererlo, ellos han sido y son ejemplos vivos de cómo reaccionan muchos hombres y mujeres, al contemplar la Muerte y la Resurrección de Jesucristo.

Uno estaba muy cerca del Crucificado; respiraba al unísono con Él; llegaba casi a sentir el palpitar de su corazón; y abrió bien los ojos en el anhelo de no perder ni un detalle de los últimos minutos del hombre que estaba muriendo ante él.

«¿Quién morirá antes, Él o yo?», habrá pensado.

Es Dimas, el buen ladrón.

Algo alejado del lugar donde están alzadas las tres cruces, otro hombre no apartó la mirada de la Cruz central. En silencio, esperó que sucediera algo extraordinario: que el Crucificado bajase de la Cruz y se deshiciera de sus enemigos a golpes de fuerza.

Es Judas, el apóstol traidor.

El Calvario comienza a llenarse de oscuridad. Se desvanecen los últimos gritos y los clamores, los llantos y los lamentos de la multitud. Cada uno, caminando sin rumbo, desorientado, regresa a su casa.

El buen ladrón increpa y manda callar a su compañero, que con sus gritos le impide vivir con atención los últimos minutos del Señor. La oscuridad se convierte, dentro de su corazón, en luz esplendorosa. Y en el rostro del Crucificado, abatido por el cansancio, por el dolor de la corona de espinas, por el hambre y la fatiga, Dimas descubre la sonrisa de Cristo.

En el silencio, la oscuridad se va convirtiendo en tinieblas, en tinieblas abismales, en el corazón del hombre que, en la lejanía, mantiene fija su mirada en el hombre clavado en la Cruz, sin moverse, sin descender de ella.

Judas, «uno de los Doce», consuma su traición. Su corazón comienza a ahogarse, embotado en el odio. Cristo se obstina en no desprenderse de la Cruz; ya quedará crucificado hasta el fin del mundo entre dos ladrones. Encerrado en su rabia, Judas cierra su corazón, cierra su boca, para siempre.

Dimas fija su mirada en Quien está a punto de exhalar el último suspiro, y eleva su espíritu a las alturas de la Cruz, a las alturas de Dios, descubriendo el esplendor de la Resurrección.

Señor, acuérdate de mí cuando estés en tu Reino.

Hoy estarás conmigo en el paraíso.

Jamás en la tierra se había oído, ni se oirá, un diálogo tan breve, y tan penetrado de sentido y de inmensidad, entre el Amor de Dios y la miseria del hombre. El encuentro en la Cruz del Hijo de Dios hecho hombre con el hombre pecador, que clama por su misericordia.

Judas, sin atreverse ya a alzar la voz, musita entre dientes su protesta, su rebelión, su miseria:

Si eres el hijo de Dios, desciende de la cruz, y todos creeremos en Ti.

Sus palabras se pierden entre el rumor de las últimas voces de mando. La cohorte ha de estar preparada para el momento de la muerte de los crucificados: quebrar las piernas es el certificado de defunción.

El Señor entrega su espíritu al Padre. La sonrisa redentora de su rostro cierra las palabras finales:

Todo está consumado.

La luz del Cielo se abre en los ojos del buen ladrón. Los ángeles le acogen en las puertas del Paraíso y lo presentan a Dios.

La oscuridad petrifica el corazón solitario y aislado de Judas, encerrado en su soledad, en su infierno. Sus ojos se transforman en tinieblas, ante la dura mirada del diablo. Se suicida. ¿Quitará alguien jamás la piedra que cierra la entrada a su tumba?

La Cruz se desploma, vencida, en el sepulcro. El alba espera ya, en silencio anhelante, la Resurrección.

Dimas y Judas, dos maneras de mirar a Cristo, de contemplar la muerte humana de Dios hecho hombre.

¿Es posible la indiferencia ante el Crucificado?

El Calvario seguirá siendo noticia siempre, aunque algunos quieran arrancarse los ojos para no ver las tres Cruces.

Los soldados y el Centurión

Clavado en la Cruz, Cristo está rodeado de amigos y de enemigos, de gente que le había seguido por los caminos de Judea, de Samaria, de Galilea, alimentándose de sus palabras; y de gente que había controlado sus pasos por esos lugares con el único fin de sorprenderle en alguna palabra, y acusarle ante la autoridad judía.

Con los amigos y los enemigos, otras personas permanecen en el Calvario, cerca de las cruces, por pura curiosidad o por obligación, personas a las que nada les importa de lo que está ocurriendo ante sus ojos: Cristo que acaba de entregar su espíritu en las manos de Dios Padre.

Entre las personas que permanecen por obligación, están los soldados romanos y el centurión que los manda.

Antes de llevarle al Calvario, se burlaron de Él:

Entonces los soldados del gobernador, tomando a Jesús, lo condujeron al pretorio, y, reuniendo en torno a Él toda la cohorte y despojándole de sus vestiduras, le echaron encima un manto de púrpura y, tejiendo una corona de espinas, se la pusieron sobre la cabeza, y en la mano una caña; y doblando ante Él la rodilla, se burlaban diciendo: ¡Salve, rey de los judíos! Y escupiéndole, tomaban la caña y herían con ella en la cabeza. Después de haberse divertido con Él, le quitaron

el manto, le pusieron sus vestidos y le llevaron a crucifi-
car (Mt 27, 27-31).

Antes y después, los soldados tratan a Cristo como a un prisionero cualquiera. Concentrados en dominar a la gente que les rodea; preocupados sencillamente en dejar bien clavado al Crucificado, no se preocupan del «muerto de turno». Su persona ni les atrae, ni les llama la atención. Insensibles a los gritos de quienes lamentan su muerte, y a los de quienes le insultan, y sin prestar la mínima atención a sus palabras. Cumplen su oficio.

Ni les importa la muerte del inocente, ni se conmueven. Ninguno es consciente del momento que están viviendo; después de desnudarlo, como hacían con todos los que iban a ser crucificados, se reparten las ropas y echan a suertes la túnica. Ninguno sabe Quién es el que está agonizando en la Cruz. Mientras le conducían al Calvario, habrán oídos tantas cosas sobre Él; le habrán visto consolar a las santas mujeres y a su Madre; habrán visto el gesto de la Verónica, y quizá han llegado a vislumbrar el rostro agradecido con el que Cristo recibe a esta mujer.

¿Somos nosotros uno de esos soldados?

Los soldados, después de crucificar a Jesús, tomaron sus vestidos e hicieron cuatro partes, una para cada soldado, y además la túnica, pues la túnica no tenía cos-

turas, estaba toda ella tejida de arriba abajo. Se dije-ron entre sí: No la rasguemos, echémosla a suertes a ver a quién le toca. Para que se cumpliera la Escritura (Jn 19, 22-24).

El Señor vive los sublimes instantes de su Pasión y Muerte, despreciado, abandonado en manos de hombres ya sin conciencia del bien y del mal, que le tratan como si fuera un animal, un despojo humano inútil y despreciable.

A Cristo, una vez muerto, ninguno de los soldados le dirige la mirada. Ya no les podía causar ningún problema y, sin embargo, ni siquiera alzan la mirada al Crucificado. Ante sus ojos está sucediendo todo el misterio de la Redención del hombre, de la redención del mundo, de la total manifestación de Amor de Dios a los hombres. Jamás hubo, ni habrá, momentos semejantes en el correr de los siglos de la historia de los hombres sobre la tierra.

Apenas uno de los soldados se preocupa de Él: *Sabiendo Jesús que todo estaba ya consumado, para que se cumpliera la Escritura, dijo: Tengo sed.*

Había allí una vasija llena de vinagre. Fijaron en una rama de hisopo una esponja empapada en vinagre y se la llevaron a la boca. Cuando hubo gustado el vinagre, dijo Jesús:

Todo está consumado, e inclinando la cabeza, entregó el espíritu (Jn 19, 28-30).

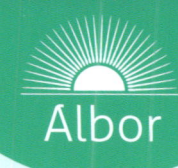

Álbor

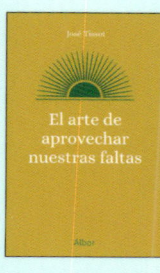

José Tissot

El arte de
aprovechar
nuestras faltas

Álbor

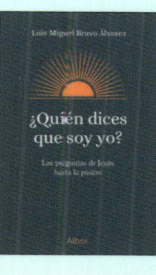

Luis Miguel Bravo Álvarez

¿Quién dices
que soy yo?

Las preguntas de Jesús
hasta la pasión

Álbor

Manuel Vargas

Silencios
que hablan

Ejercicios Espirituales
de san Ignacio

Álbor

Scott Hahn

Esperanza
para los momentos
difíciles

Álbor

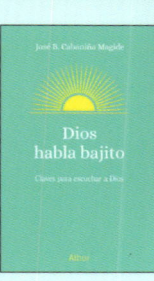

José B. Cabezuela Magide

Dios
habla bajito

Claves para escuchar a Dios

Álbor

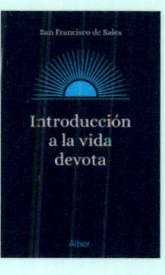

San Francisco de Sales

Introducción
a la vida
devota

Álbor

Más libros en
PALABRA

Es el mundo pagano el que, en los ojos de los soldados y del centurión que los manda, contemplan la muerte de Cristo y quieren borrarlo del horizonte de su mirada.

¡Cuántos «soldados» semejantes caminan por las calles de nuestras ciudades, queriendo borrar hasta el último rastro de aquellos días de Cruz, de Muerte, de Resurrección!

Solo uno se conmueve ante Cristo. Cristo permanece siempre en la Cruz para hacerse el encontradizo con nosotros, y nos invita a que elevemos nuestra mirada hasta su rostro muerto en la Cruz. Al final, un gesto de bondad. Tenían que rematar a los ajusticiados; y así lo hicieron quebrándoles las piernas a los dos ladrones:

Pero cuando llegaron a Jesús, como le vieron ya muerto, no le quebraron las piernas, sino que uno de los soldados le abrió el costado con la lanza, y al instante brotó sangre y agua (Jn 19, 34).

El gesto delicado del soldado abre los ojos del Centurión; y la muerte de Cristo llena de luz su corazón.

El centurión, que estaba enfrente de Él, al ver cómo había expirado, dijo: «Verdaderamente, este hombre era Hijo de Dios» (Mc 15, 39).

María, a los pies de la Cruz, nos llama a todos los «soldados» y «centuriones» del mundo, y nos invita a mirar al Crucificado, a pedirle perdón por nuestros pecados, para que podamos arrepentirnos del pecado que Cristo redimió, y recibir su Misericordia. Y abrir los ojos de nuestra alma para descubrir el Amor que le tiene clavado en la Cruz.

María al pie de la Cruz

Estaban de pie junto a la cruz de Jesús su madre y la hermana de su madre, María de Cleofás, y María Magdalena (Jn 19, 25).

María acompaña a su Hijo hasta el Calvario; y permanece firme al pie de la Cruz. A su alrededor, todo es abandono, desilusión, oscuridad. Llanto y blasfemia; traición y desesperación.

Cristo está muriendo en la Cruz. Dios y hombre verdadero. Dios que está viviendo la muerte de los hombres, muerte fruto del pecado, viviendo y redimiendo la muerte en su humanidad. El único ser humano que está a su lado, que le acompaña, corazón a corazón, es María. Le prestó su seno para que un día se encarnara y naciera Dios y hombre verdadero; y ahora le presta su espíritu adolorido –«no hay dolor como su dolor»– en el cargar con la ofensa a Dios y a los hombres, que engendra los pecados del mundo.

En el Corazón de Cristo clama todo el pecado del mundo ante Dios Padre para ser redimido.

En el Corazón de María palpita la Fe de toda la humanidad, arrepentida de su pecado y ansiosa de pedir perdón. En su Corazón sin pecado, pide perdón a Cristo clavado en la Cruz por todos nuestros pecados.

En el Corazón de Cristo, traspasado en la Cruz por la lanza del soldado, manan los Sacramentos. Esperanza para todos los hombres de poder participar en la vida de Cristo; de poder sufrir y gozar con Él. Esperanza de vida eterna en Cristo Jesús.

En el Corazón de María al pie de la Cruz está toda la esperanza de los hombres y de las mujeres que caminarán por la tierra hasta el fin del mundo. Esperanza para vencer toda desesperanza. Esperanza para sonreír ante cualquier contradicción que se presente en sus vidas; para no desfallecer ni darse jamás por vencidos. Esperanza de ver salir el sol cada mañana —«estrella de la mañana»—, hasta que seamos iluminados por la Luz Eterna: la mirada de Dios Padre.

Esperanza de vivir todos los sufrimientos, contrariedades, dolores, penas, unidos a la Cruz de Cristo, y co-redimir con Él, en Él, por Él, el pecado del mundo.

En el Corazón de Cristo agonizando en la Cruz, palpita todo el Amor de Dios Padre, Hijo y Espíritu Santo a sus criaturas los hombres. Les perdona y pide a Dios Padre que les perdone; y les ama hasta el extremo: *nadie ama más que aquel que da la vida por sus amigos (Jn 15, 13).*

En el Corazón de María, en pie junto a la Cruz, encontramos los hombres la gracia para perdonar a todos nuestros enemigos; a todas las personas que nos han querido hacer mal; a quienes han pretendido el fracaso de nuestras vidas; a quienes han querido saciar su deseo de venganza sobre nuestra fragilidad y debilidad humana.

Y antes de expirar, Cristo une Su Corazón al Corazón de su Madre, y los funde con nuestros pobres corazones humanos.

Viendo Jesús a su Madre, y junto a ella al discípulo a quien amaba, dijo a su Madre: «ahí tienes a tu hijo». Luego dijo al discípulo: «ahí tienes a tu madre». Y desde aquella hora, el discípulo la tomó consigo (Jn 19, 26-27).

Con el discípulo amado, Juan, estamos todos los hombres en el Corazón de Jesús y en el Corazón de María.

La muchedumbre en torno al Gólgota ha dejado de lanzar blasfemias e insultos al condenado a muerte. Comienza a reinar el silencio en el Calvario. Silencio que va a durar hasta el fin del mundo.

Dios está viviendo en la muerte de su Hijo, Cristo, la muerte de todos los hombres; y viendo sufrir a su Hijo, está viviendo la redención del pecado, para convertir la muerte en antesala del Cielo. Y está viviendo el sufrimiento de su Hijo, porque sabe que muchos hombres, muchas mujeres, rechazarán el Amor clavado en la Cruz, el Amor de Dios Padre, y la muerte será la puerta que les aparte definitivamente de Dios. Dios Padre sufre la pérdida de tantos hijos.

María es la única criatura que acompaña a Cristo en este momento de tiniebla, en el que el pecado, manejado por satanás, parece haber vencido a Dios y destrozado su creación. Al oír la última palabra de Jesús, Hijo de Dios, a Dios Padre: *En tus manos encomiendo mí espíritu*, Satanás vive su derrota, que María la hace definitiva en el hombre aplastándole la cabeza.

María vive el sufrimiento de la Cruz, da fuerza a las santas mujeres que Cristo encuentra en el camino hacia el Calvario y sostiene el palpitar del discípulo que la había recibido como Madre, Juan.

Jesús, volviéndose hacia ellas, les dijo: Hijas de Jerusalén, no lloréis por mí, llorad más bien por vosotras mismas y por vuestros hijos... Porque si en leño verde hacen esto, en el seco, ¿qué se hará? (Lc 23, 28-31).

Las hijas y los hijos de Jerusalén seguimos llenando los caminos del mundo. María, al pie de la

Cruz, nos abre su corazón materno y nos da aliento a la espera de la Resurrección.

María Magdalena en el Calvario

Había allí muchas mujeres mirando desde lejos, las que habían seguido a Jesús desde Galilea para servirle. Entre ellas estaban María Magdalena, María –la madre de Santiago y de José– y la madre de los hijos del Zebedeo (Mt 27, 55-56).

Estaban junto a la cruz de Jesús su madre y la hermana de su madre, María de Cleofás, y María Magdalena (Jn 19, 25).

Jesús está ya crucificado. Los clavos sostienen su frágil cuerpo bien anclado en la Cruz. Los Apóstoles, y todos los que creían en Él y le seguían, se quedan en la lejanía contemplando lo que está sucediendo.

Los que han seguido a Jesús, acompañando su andar, sus caídas con la Cruz a cuestas a lo largo de la vía Dolorosa, están confundidos en medio de una multitud que grita e insulta al Crucificado. Ellos creían que Él era el Mesías que iba a salvar Israel, y lo contemplan clavado en la Cruz, sin dar la mínima señal del poder que había manifestado con sus milagros.

A medida que el día va dejando lugar a las sombras del atardecer y de la noche, se va haciendo silencio en las gargantas de quienes han pedido a Pilato la Crucifixión. Vuelven a sus casas. El espectáculo se ha terminado. Unos dejan de creer en el Mesías y regresan a su mundo sin esperanza en las palabras que le habían oído al Señor:

El Hijo del Hombre va a ser entregado en manos de los hombres, y lo matarán, pero al tercer día resucitará (Mt 17, 22-23).

María, su Madre, permanece en todo momento cercana a su Hijo. Al Hijo de Dios hecho hombre. Y, con Juan, María Magdalena le acompaña.

Estar al pie de la Cruz era el último servicio que la Magdalena pensaba que podía hacer al Señor, después de haberle acompañado, con otras mujeres, durante los años de predicación por los campos de Judea, Samaria, Galilea y más allá del Jordán.

Lo acompañaban los Doce y algunas mujeres a quienes había liberado de espíritus malignos y de otras enfermedades: María, llamada Magdalena, de la que Jesús había hecho salir siete demonios; Juana, la mujer de Cusa, administrador de Herodes; Susana y muchas otras. Todas ellas ayudaban con sus propios recursos a Jesús y sus discípulos (Lc 8, 2-3).

Marcos recoge otro detalle de la situación de María Magdalena en el Calvario. Cuando José de Arimatea le pidió el cuerpo de Jesús para enterrarlo, Pilato se sorprendió que hubiera muerto tan pronto. Preguntó al centurión encargado de la crucifixión, y cuando el centurión le confirmó la muerte de Jesús, Pilato *entregó el cuerpo muerto a José. Entonces y después de comprar una sábana, lo descolgó y lo envolvió en ella, lo depositó en un sepulcro que estaba excavado en una roca e hizo rodar una piedra a la entrada del sepulcro. María Magdalena y María la de José observaban dónde lo colocaban* (Mc 15, 45-47).

Liberada de las asechanzas del demonio, María Magdalena acompaña al Señor en su pasión y en su muerte. Estuvo también entre las mujeres que caminaban con la Virgen María, cuando Jesús se paró y las consoló, en su camino hacia el Calvario.

Y vivió también con Santa María el descenso de la Cruz del cuerpo muerto de Jesucristo. ¡Con qué delicadeza habrá ayudado a José y a Nicodemo, cuando arrancan los clavos de la Cruz y le recogen los brazos para que no se desplome! ¡Y cómo habrán llegado al Corazón de Cristo las lágrimas de la Magdalena, al ver *rodar una piedra a la entrada del sepulcro!*

¿Vería de nuevo al Señor?

Después de guardar el descanso del sábado, María Magdalena habrá pasado la noche en vela para ir, muy de madrugada, a embalsamar el Cuerpo muerto de Cristo.

Pasado el sábado, María Magdalena y María la de Santiago y Salomé compraron aromas para ir a embalsamar a Jesús. Y, muy de mañana, al día siguiente del sábado, llegaron al sepulcro cuando ya estaba saliendo el sol. Y se decían unas a otras: ¿Quién nos removerá la piedra de la entrada del sepulcro? (Mc 16, 1-3).

La Luz de una posible Resurrección de Jesús no había llegado todavía al corazón de María Magdalena. Piensa en el cadáver del Señor, y quiere tener todas las delicadezas con Él que nosotros anhelamos vivir con nuestros seres queridos. Se pregunta quién le removerá la piedra; pero no se paraliza ante el posible obstáculo. Sigue caminando hacia el Calvario. Ella, y las santas mujeres, buscan a Jesús, y saben que, de una forma o de otra, saldrá a su encuentro.

Ante el sepulcro vacío:

Fue María Magdalena al sepulcro y vio quitada la piedra del sepulcro. Entonces echó a correr, llegó hasta donde estaban Simón Pedro y el otro discípulo, el que Jesús amaba, y les dijo: Se han llevado al Señor del sepulcro y no sabemos dónde lo han puesto.

Pedro y Juan comprobaron que María Magdalena les había dicho la verdad, y volvieron con los demás apóstoles.

María se quedó allí, llorando junto al sepulcro. ¿Qué esperaba su corazón? Quería, ansiaba, encontrar a Jesús. Si había desaparecido el cadáver, ¿lo encontraría vivo?

Los ángeles que estaban en el sepulcro no le dieron ninguna respuesta. Ella buscaba a Cristo.

Se volvió hacia atrás y vio a Jesús de pie, pero no sabía que era Jesús. Le dijo Jesús: «Mujer, ¿por qué lloras? ¿A quién buscas?». Ella, pensando que era el hortelano, le dijo: «Señor, si te lo has llevado tú, dime dónde lo has puesto y yo lo recogeré». Jesús le dijo: «¡María!».

Los ojos de María no reconocen al Señor. La voz cálida de Cristo entra en sus oídos, remueve su espíritu y todos los rincones de su cuerpo. Ella le ha buscado muerto. Él, Resucitado, sale a su encuentro.

Ella, volviéndose, exclamó en hebreo: ¡Rabbuni!, que quiere decir Maestro.

Fue María Magdalena y anunció a los discípulos: ¡He visto al Señor!, y me ha dicho estas cosas (Jn 20, 16-18).

El primer anuncio de la Resurrección. Los labios de la mujer que ha sido liberada de siete demonios, habla hoy con Cristo Resucitado. La muerte ha sido vencida para siempre. El anuncio de la Resurrección sigue llegando a todos los rincones del mundo, a todas las montañas de la tierra, a todos los desiertos y cruces de los caminos del mundo. Muchos hombres y mujeres se tapan los oídos para no oír las palabras de María Magdalena, y se arrancan los ojos para no ver al Señor Resucitado.

María Magdalena, que ha contemplado el Amor de Dios en el Corazón de Cristo traspasado por una lanza, agonizante, sigue gritando y anunciando al mundo:

¡He visto al Señor!

Perdónales, porque no saben lo que hacen

El Viernes Santo contemplamos a Cristo crucificado, clavado en la Cruz, y en la Cruz estará en agonía hasta el fin de la historia de los hombres en la tierra. Y permanecerá así, abiertos los brazos, clavado en el madero.

¿Por qué ha querido morir de esa manera tan infame, y que nosotros, al paso de los siglos, le sigamos mirando y contemplando clavado, maltrecho y abandonado de todos, solo, en la Cruz?

Cristo no necesitaba morir en la Cruz para llevar a cabo la redención del mundo. Cristo no necesitaba sufrir su pasión y muerte, para derrotar al pecado y aniquilar al último enemigo del hombre: la muerte.

Nadie tiene amor más grande que el que da la vida por sus amigos (Jn 15, 13).

Cristo está clavado en la Cruz, sufriendo el abandono y los escarnios de todos en el anhelante deseo que descubramos el Amor que le tiene sujeto al madero. Él sabe que, solo si descubrimos –o al menos vislumbramos– ese amor, llegaremos un día a vivir y a gozar el Amor de Dios Padre, y a llenar nuestro corazón con el claro amor materno, que Dios nos transmite cuando miramos a su Hijo crucificado.

Perdónalos, porque no saben lo que hacen (Lc 23, 34).

En conversación siempre abierta en el seno de la Santísima Trinidad, Jesucristo se dirige al Padre. No piensa en Él, ni en su sufrimiento. Piensa en la redención del mundo, en su lucha para erradicar el mal del pecado, y para sanar la desorientación del hombre ante la muerte, cuando parece que la muerte carece de sentido. Cristo sabe que está abriéndose a un nuevo horizonte a la muerte mientras Él está clavado en el madero.

Tiene ante sus ojos la miseria, la maldad, la obscuridad honda del alma humana enfangada en el pecado.

Y se compadece.

Ante la Cruz, muchos regresan del Calvario insultando al Señor. Otros se alejan dándose golpes de pecho, conscientes de la maldad que acaban de consumar, y sin dar un paso más; otros persisten en su maldad, y piensan que ya han acabado con Aquel que les remordía la conciencia. El Señor «ve» la necesidad de todos ellos de reconocer su pecado y de que inicien el camino del arrepentimiento.

Perdónalos, porque no saben lo que hacen (Lc 23, 34).

Quiere movernos al arrepentimiento a todos los hombres, por muy grande que sea nuestra maldad, por muy grande que sea la multitud de nuestros pecados, para que jamás perdamos la confianza en el amor de Dios Padre. El Amor de Dios lo perdona todo, si miramos al Crucificado y, arrepentidos, con la gracia del Espíritu Santo, le pedimos que nos perdone.

Jesús sabe que, si el hombre no pide perdón, su final será semejante al de Judas: maldiciendo el haber nacido; desesperado de la inutilidad de su vida; sintiendo la amargura de la soledad total a la que le ha llevado su egoísmo, su encerrarse en sí mismo, para no mirar a Cristo Crucificado.

El pecador empedernido; el hombre que rechaza a Cristo y se queda consigo mismo, su único tesoro, acaba no soportando el fracaso de su mal, y al no reconocerlo ni pedir perdón, se hunde en el lodazal de su miseria.

Quien aparta su mirada de Cristo, y construye una fría indiferencia ante Dios en el fondo de su corazón, se puede «entretener» dos días en medio de «actos culturales», de «empresas artísticas», de «actuaciones políticas». Una vez agostado el sabor de lo que él ha «creado», pone a prueba su capacidad de resistir la visión del vacío de su vida; de enfrentarse al sin-sentido de su propia existencia; y o llora y se arrepiente o se hunde todavía más, y definitivamente, en el pozo de su «yo»: en la obscuridad total: en su propio infierno.

Desde la Cruz, Cristo borra esa imagen de Dios cruel, vengativo, justiciero que el diablo quiere meter en el corazón de los hombres, y de manera particular, en el espíritu de los pecadores empedernidos; y nos tiende la mano a todos los hombres que podemos naufragar en el proceloso mar de nuestra vida.

Como si nos dijera: «Vedme aquí, muero por vosotros. Dadme la alegría de veros pedir perdón por vuestros pecados, a mi Padre, a vuestro Padre Dios».

El buen ladrón comprendió enseguida ese palpitar del corazón de Cristo. Contempló a Jesús agonizando de Amor en la Cruz. Vio la miseria y el vacío de su vida, y ante la mirada amable de Cristo, se avergonzó de todos sus pecados, y osó pronunciar unas palabras que consolaron el corazón del Señor:

Acuérdate de mí, cuando llegues a tu Reino (Lc 23, 42).

Y oyó, lleno de paz y de gozo, a dos pasos de su muerte, las palabras que todos queremos que el Señor nos diga en esos momentos:

En verdad te digo: hoy estarás conmigo en el Paraíso (Lc 23, 43).

En el espíritu de Dimas se consumó el misterio del Amor de Dios; del Perdón de Dios.

Simón de Cirene encuentra a Cristo

Y a uno que pasaba por allí, que venía del campo, Simón de Cirene, padre de Alejandro y de Rufo, le forzaron a que llevara la cruz de Jesús (Mc 15, 21).

Simón de Cirene estaba muy cansado cuando los soldados romanos, con modales bruscos y sin contemplaciones de ningún tipo, le conminaron a tomar la cruz y a ayudar a Cristo.

Sus hijos Alejandro y Rufo regresaban con su padre, contentos porque la casa estaba ya cerca, y había llegado la hora de cenar y jugar un rato. Al ver lo que sucedía, se miraron. ¿Se escapaban y avisaban a su madre de lo sucedido, o acompañaban a su padre en la aventura, a ver en qué paraba todo aquello? En la imposibilidad de hablar con su padre, decidieron seguirle hasta el final.

Simón de Cirene, una vez sobrepuesto a la sorpresa y al malestar; olvidado también el cansancio del día, clavó los ojos en el que iban a crucificar. ¿Quién era?

«¡Si eres hijo de Dios! Líbrate de tus enemigos».

Las imprecaciones, los insultos se sucedían a lo largo de todo el camino.

¿Cómo se llamaba?

Lleno de curiosidad, Simón preguntó el nombre a una de las mujeres que Cristo saludó a la vera del camino.

—Jesús, el Cristo; fue toda la respuesta.

Cuando los soldados forzaron a Simón a hacerse cargo de la cruz, Jesús estaba caído en el suelo, sin posibilidad alguna de alzarse. El golpe había sido violento, y se quedó sin fuerzas para ponerse en pie.

Hasta el Calvario, Simón no apartó los ojos de aquel extraño personaje, condenado a una muerte ignominiosa.

Cristo caminaba lenta y pesadamente. Apenas encontró fuerzas para volver la cara atrás varias veces, y dirigir una mirada agradecida a Simón.

El alma de Simón fue agrandando sus horizontes paso a paso, a medida que llegaban a la cima. Y, sin darse cuenta, cuando su misión terminó, se encontró apenado, triste, con el corazón lleno de un gran cariño a aquel hombre, al que ya comenzaban a quitarle sus vestidos para crucificarle.

Con la misma violencia con la que le habían forzado a llevar la Cruz, los soldados obligaron a

Simón a abandonar el lugar. Su tarea había terminado.

Al ver a Cristo en la cruz, el corazón de Simón se convirtió en llanto. Permaneció en pie, a unos metros del Crucificado, acompañado por sus hijos, que no se apartaban de su lado.

Una a una, las palabras de Cristo fueron cayendo en su corazón. Cayendo y asentándose en su mente y en su alma. Una a una, fueron abriendo los horizontes de su mirada, y caminando hasta lo más hondo de su espíritu.

Padre, perdónales porque no saben lo que hacen.

Simón bien sabía todo lo que habían hecho, y todo lo que continuaban haciendo. ¿Quién era aquel hombre que crucificado respondía con serenidad y paz a todas las afrentas, perdonaba todas las injurias recibidas, y rezaba al *Padre* pidiéndole que no les tuviera en cuenta lo que estaban haciendo?

Inmóvil, permaneció junto a la Cruz, hasta que oyó la petición del buen ladrón y la respuesta de Cristo:

Hoy estarás conmigo en el Paraíso.

Miró la cruz del ladrón; miró la cruz de Cristo. Y esperó. La noche iba cubriendo el Calvario. Los soldados comenzaron a recoger todos los instrumentos utilizados en la crucifixión. La hora de la muerte de los condenados estaba ya muy próxima. El ladrón de la izquierda fue el primero que entregó su alma a Dios.

Cristo elevó su mirada al Cielo, y exclamó:

Padre, en tus manos encomiendo mi espíritu.

Y antes de que Cristo muriera, Simón sintió otra vez sobre sus ojos la mirada agradecida del Crucificado.

Muerto Jesús, el buen ladrón entregó su alma a Dios.

Simón de Cirene regresó pensativo y triste a casa. Sus hijos le siguieron cabizbajos, sin atreverse a romper el silencio.

Verdaderamente, pensó para sus adentros, este hombre debe de ser el Hijo de Dios, el Mesías anunciado.

Nunca se cansó Simón de contar a los primeros cristianos lo sucedido la tarde de aquel primer Viernes Santo. Hombres y mujeres le contemplaban admirados oyéndole hablar; y cuando terminaba su relato, mujeres y hombres querían besar las manos que habían ayudado a Cristo a llevar la Cruz.

Pasados los años, cuando Simón se preparaba para el encuentro definitivo con Dios, sus oídos le trajeron a la mente las palabras que oyó el buen ladrón de los labios de Cristo:

Hoy estará conmigo en el Paraíso.

Cerrando los ojos, revivió la sonrisa que Cristo le dirigió desde la Cruz.

Y su corazón se llenó de Luz.

¿Sonrió Cristo en la Cruz?

Cristo clavado en la Cruz, abre las puertas del Cielo al Buen Ladrón.

En verdad, te digo, hoy estarás conmigo en el Paraíso.

Las imágenes, los cuadros, cualquier tipo de representación de la escena del Calvario, reflejan un Crucificado que transmite pena, dolor, pesar. Es Cristo que «tiene sed»; sed de amar; sed de donar amor; sed de recibir amor, para hacer bienaventurados a quienes le aman.

El rostro de ese Cristo sufriente, exhausto, maltrecho, verdadero «varón de dolores», parece clamar por un arrepentimiento ante la ofensa, por una conversión de corazón que permita al hombre entenderLe, que Le invite a llenar el corazón del hombre con el Espíritu Santo.

Cristo, ¿sonrió en la Cruz?

El aguijón de la muerte, el pecado, ha perdido su dominio del mundo, ha sido expulsado del espíritu del hombre. La muerte de Cristo ha dejado paso a la vida, a la vida eterna. En sus palabras al Buen Ladrón, Cristo sentencia definitivamente a la muerte y a su aguijón.

Cristo está solo, abandonado de todos los hombres, de sus amigos y de sus enemigos. Ha venido a redimir a todos, a liberar a todos. La soledad de la Cruz es incomunicable a Dios Padre y a los hombres. Dios Padre no puede asumir el pecado del hombre; solo Dios Hijo se ha hecho pecado. Y ningún hombre puede «hacerse pecado» en el abandono de Dios, como Cristo.

«En sus llagas fuimos curados». ¿En las llagas? En las llagas que abren el Corazón de Cristo, que nos manifiestan su amor.

Cristo no muere ni por los malos tratos, ni por las ofensas recibidas, ni siquiera por los pecados y la indiferencia de los hombres. Nada ni nadie tiene poder para matar a Dios hecho hombre. Cristo solo puede morir de amor, y por amor. Muere de amor para vencer la muerte, viviéndola hasta la última gota del Cáliz. Muere por amor, para abrir al hombre el camino de la Resurrección.

Sí; Cristo sonrió en la Cruz; cuando el «Buen Ladrón» le manifiesta que lo «ve». Que «ve» a Dios en el rostro ensangrentado de Cristo; que «ve» a Dios en la debilidad escarnecida de Cristo; que «ve» a Dios en las tinieblas del Calvario; ve el gozo de Dios Redentor en el dolor y en la pena de Cristo Crucificado.

Sí; Cristo sonrió en el Calvario, al verse acompañado, comprendido, amado. El gozo de amar vence la pena de sufrir. Convierte la pena, el dolor del sufrimiento en gozo adelantado de la victoria. Victoria de redención, de triunfo; victoria en plenitud de la donación, en el triunfo compartido.

Cristo muere por cada uno de nosotros; muere por los pecadores más que por el pecado en sí, que solo existe en un ser humano. Al hacerse «pecado», se «hace pecado» en cada uno de nosotros, «pecadores». El pecado no tiene una existencia abstracta. La donación de Cristo es una donación personal, no genérica, a cada ser humano con nombre y apellido.

Y su gozo de dar es pleno cuando se une al gozo de ser aceptado el don ofrecido, de ver el triunfo sobre la muerte y el pecado en el corazón del Buen Ladrón. En la Cruz, pudo decirle: «entra en el gozo de tu Señor»; entra en el gozo de Dios Padre. Insondables palabras que todos deseamos escuchar de los labios de Cristo; no ya desde la Cruz, sino al recibirnos para juzgarnos amándonos, para amarnos, juzgándonos en el amor. Cristo del Amor, Cristo de la Buena Muerte, Cristo del Perdón y de la Misericordia.

Cristo sonrió en la Cruz al abrir las puertas del Paraíso al Buen ladrón; y quiere seguir sonriente al vernos llegar junto a Él en estos días de Semana Santa, en los avatares de cada día, en el último trance de nuestro vivir terreno.

Sonriente, porque la sonrisa es la expresión del gozo asentado en el espíritu. Y en el Cielo hay más gozo *por un pecador que se arrepiente que por noventa y nueve justos que no necesitan penitencia*.

El Buen Ladrón, oídas las palabras de Cristo, habrá cruzado su mirada con la de la Santísima Virgen; y con un gozo en el amado, enriquecido, acrecentado, divinizado, acompañó a Jesús hasta la muerte, y «vivió» con Él la Resurrección; sonriendo.

Tengo sed

En compañía de la Virgen Santísima, y en recogido silencio al pie de la Cruz, escuchamos de los labios de Cristo una de sus últimas palabras.

Tengo sed.

Juan estaba allí, y es el único evangelista que recoge esta frase del Señor. Mateo, Marcos y Lucas se limitan a señalar el gesto del soldado que, quizá apenado por el sufrimiento de Cristo, le acercó una esponja empapada en vinagre para que pudiera beber.

Después de esto, sabiendo Jesús que todo estaba ya consumado, para que se cumpliera la Escritura, dijo: «Tengo sed» (Jn 19, 28).

Palabras dichas por Dios Hijo con su boca mortal. Palabras con las que concluye, exhausto y abatido, su caminar en la tierra.

Tengo sed.

¿De qué tiene sed Cristo?

¿Es la sed de todos los crucificados, de todos los que padecen tormentos semejantes, la sed originada por la pérdida de sangre?

No. Jesucristo, Dios y hombre verdadero, vive la sed que Dios tiene de los hombres. Tiene sed de la conversión de los pecadores –y todos lo somos– para que abramos el corazón en arrepentimiento, y podamos llegar a vislumbrar el amor que Dios nos tiene. Cristo vive la pena y el dolor de las almas que rechazan el Amor de Dios, escogen el infierno de sí mismos, y desprecian el Cielo que Dios les ofrece.

Tiene sed de que se cumpla la Escritura; no sencillamente la literalidad de las palabras que recuerda la profecía anunciando el vinagre que le iban a ofrecer: *Y en mi sed me dieron a beber vinagre (Sal 69, 22).* Tiene sed de saciar la sed de su Padre Dios, la sed que le ha traído al mundo buscando la Gloria a Dios y el bien de las criaturas. Tiene sed de:

Que todos los hombres se salven y lleguen al conocimiento de la Verdad (1 Tm 2, 4).

Tiene sed de darnos vida, para que nuestro vivir se injerte en la vida de Dios Padre, Hijo y Espíritu Santo. Tiene sed del amor de los hombres, a quienes, clavado en la Cruz, está mostrando todo el Amor de Dios. Tiene sed de que abramos las puertas de nuestro espíritu, le acojamos y le dejemos hacer morada para vivir con nosotros y nosotros vivamos eternamente con Él, en Él.

«Cuando luchamos por ser verdaderamente *ipse Christus*, el mismo Cristo, entonces en la propia vida se entrelaza lo humano con lo divino. Todos nuestros esfuerzos –aun los más insignificantes– adquieren un alcance eterno, porque van unidos al sacrificio de Jesús en la Cruz» (*Via Crucis*, X, 5).

Clavado en la Cruz, Cristo ha consumado el plan divino de la Creación, Redención y Santificación del hombre. Su misión no se concluirá hasta que el último hombre deje la tierra, y hasta el final de los tiempos permanecerá clavado en la Cruz con los brazos abiertos, mostrándonos el Amor divino que nos ha liberado del pecado, que nos hace fuertes para vencer todas las «insidias del diablo», y que quiere acogernos en su Amor, para que también nosotros tengamos esa sed y saciemos su sed.

San Josemaría contemplando la Cruz consideraba que Cristo, clavado, sujeto a los maderos de la Cruz, espera de cada uno de nosotros una «limosna de amor». La omnipotencia divina pide a los hombres una limosna de amor. ¿Es posible?

«Entonces me parece que nuestro Señor desde la Cruz, como desde un trono elevado, mira a todo el mundo que está lleno de hombres sedientos y exhaustos, y por lo reseco que está, tiene piedad de la sequía que soporta la humanidad, y grita, "Tengo sed". Esto es, estoy sediento por la sequedad y aridez de mi Cuerpo, pero esta sed pronto se terminará. Sin embargo, la sed que sufro por el deseo de que los hombres empiecen a conocer por la fe que soy el auténtico manantial de agua viva y que se acerquen y beban es incomparablemente mayor» (San Carlos Borromeo).

¿Podemos nosotros, criaturas mortales, saciar el hambre, la sed, del Hijo de Dios, por Quien fueron hechas todas las cosas, en el cielo y en la Tierra?

Sentado ante el pozo de Jacob, Jesús ya manifestó su sed. Rogó a la Samaritana que le diera de beber. La mujer, llena de incredulidad al oír a un judío pedir de beber a una mujer samaritana, dudó. El Señor le abrió su alma.

¡Si conocieras Quién te pide de beber!

Tengo sed. Y cuando nosotros, con detalles de cariño, de amor, de fidelidad, de lealtad, de servicio, calmamos la sed del Señor, nos da a beber *del agua que yo le dé no tendrá jamás sed, que el agua que yo le dé se hará en él una fuente que salte hasta la vida eterna (Jn 4, 14).* Cristo tiene sed de darnos «esa agua», de darnos su vida, su amor.

Una «limosna de amor» ante Cristo en la agonía de la Cruz, unidos al llanto y al estupor de las santas mujeres que acompañaron a la Virgen María al pie de la Cruz, calma la sed de Cristo y abre nuestro espíritu a la luz, al calor del Amor de Dios.

Tengo sed. Y concluye el Evangelio:

Cuando hubo gustado el vinagre, dijo Jesús: «Todo está consumado», e inclinando la cabeza, entregó el espíritu.

Dos personajes en la Pasión

Dos personajes que viven con Cristo la Pasión. Uno, desde lejos y queriendo olvidarla; el otro, metiéndose de lleno en ella, muy de cerca, en el momento en que está ya para consumarse.

Poncio Pilato decide quedarse al margen. La muerte de Jesús no parece influir en nada a sus planes de gobierno, y prefiere ver los acontecimientos desde fuera. No es judío; no entiende las cuestiones legales que los hombres del Sanedrín le quieren plantear. Ante él está sucediendo la realidad más llena de sentido que ha ocurrido jamás sobre la tierra, y hace todo lo que está en su mano para dejarla pasar sin que le afecte: el consejo de su mujer le afirma en su decisión:

Tomadlo vosotros, y juzgadlo según vuestra ley.

Ante la insistencia del Sanedrín, se limita a hacer a Cristo una pregunta política:

¿Eres tú el rey de los judíos?

La respuesta le desconcierta:

Mi Reino no es de este mundo; si mi reino fuera de este mundo, mis servidores lucharían para que no fuera entregado a los judíos; pero mi reino no es de aquí.

Pilato, aunque no entiende, se interroga:

¿O sea, que tú eres Rey?

Jesús contestó:

Tú lo dices: yo soy Rey. Para esto he nacido y para esto he venido al mundo, para dar testimonio de la verdad, todo el que es de la verdad escucha mi voz.

Pilato trata de apagar la pequeña luz que se abre en su espíritu para llegar a poder descubrir algo del tesoro de las palabras de Cristo, y lo hace con una pregunta:

¿Qué es la verdad?

El pensar político en el César bloquea las reacciones de su espíritu. Pilato conoce apenas algo más que no sea pura y simple maniobra política.

Si lo dejas en libertad, no eres amigo del César; todo el que se hace rey va contra el César.

¿Acaso hay otro mundo en el que el César no tenga nada que decir? *Dad al César lo que es del*

César; y a Dios lo que es de Dios. Quizá han llegado hasta sus oídos esas palabras del Señor, y al tenerlo delante, su cabeza se llena de cuestiones y de interrogantes.

¿Qué es la Verdad?

Y se lava las manos. Poncio Pilato será siempre un personaje actual. Él es la expresión clara del hombre que no quiere tener más compromisos que con el César; que convierte toda su vida en «política». Para vivir así, decide alejar a Dios del horizonte de su visión y de su pensamiento, de su conciencia, de sus relaciones en la vida pública, de los niveles más hondos de su humanidad.

La Verónica sabe quién es Cristo. Ama a Cristo. No se pregunta: ¿Qué es la Verdad? Mira a los ojos de Jesucristo, y desde el fondo de su corazón le dice. «Tú, Señor, eres el Camino, la Verdad y la Vida».

Su gesto nos hace pensar; nos sitúa a cada uno ante nosotros mismos, ante nuestras cobardías y flaquezas, ante nuestros temores de manifestar nuestra fe, cuando el testimonio puede comprometer nuestro trabajo, nuestra situación.

A Jesucristo nadie le conoce. En medio de la multitud que asiste al «espectáculo», la Verónica quiere manifestar su amor a Aquel que, por ella, «Ha sido hecho el oprobio de las gentes».

Da un paso adelante, movida por el amor que vence todos los obstáculos, para salir al encuentro del amado herido y maltratado. Ni la compasión ni la pena paralizan su voluntad. Arriesga su vida por amor. El amor le da fuerzas para poner en juego la propia vida.

El personaje que debía morir entre los dos ladrones había levantado odios y amores que podrían estallar en violencia, y Pilato había dado órdenes claras. Se había lavado las manos. No quería ninguna preocupación y no soportaría que cualquier revuelta alterase el orden en Jerusalén.

Los soldados obedecían y no querían la mínima interrupción de la comitiva. No reaccionaron ante la presencia de la Verónica. Una fuerza interior movió lo mejor de sus corazones, y la dejaron hacer.

El Señor, en el camino del Calvario, en la Cruz, en el sufrimiento, siempre encontrará Verónicas y Pilatos.

Verónicas, en los hombres y mujeres que le contemplan, le aman, le consuelan con su fe y su amor. Pilatos, en las mujeres y hombres que lo desprecian, que se alejan de Él, que le preguntan, con un cierto aire irónico: «¿Qué es la verdad?»; que viven encerrados en su reino y se arrancan los ojos para no ver el Reino de Cristo, «que no es de este mundo».

Pilato esperó despierto y con ansia el final de la Pasión. Se maravilló de la rápida muerte de Jesucristo y cedió enseguida su cadáver. Un muerto ya no podía ser ningún obstáculo «político» a su «carrera».

La pregunta: *A quién queréis que os deje en libertad ¿A Barrabás o a Jesús, a quien llaman el Mesías?*, le angustió a lo largo de su vida.

Verónica contempló la muerte de Cristo oculta entre el grupo de las santas mujeres que acompañaban a María al pie de la cruz. Y con la Virgen, en espera de la Resurrección, nadie arrebató jamás el gozo de su corazón.

Un creyente atribulado que busca a Dios

Cuando llegué al Calvario, dando vueltas en la cabeza a una serie de asuntos que, verdaderamente, tenían poca importancia, el Señor estaba debatiéndose acompañando los últimos latidos de su exhausto corazón. Acababa de clamar al Padre el vivir el abandono en que se encontraba: *Padre, ¿por qué me has abandonado?*

Me extrañaron sus palabras, siendo Dios y hombre verdadero, sabía muy bien que el Padre no había tomado carne humana, y que lo había enviado a Él a la tierra, para redimir el pecado de los hombres.

Reflexioné, y pensé que esas palabras eran la vivencia de su naturaleza humana –en la medida necesaria para vivir la muerte–, abandonada de su principio vital: la Persona divina.

Yo me pregunté, Señor, ¿por qué has querido vivir la redención del pecado sufriendo de esa manera? ¿Tan ciegos estamos los hombres que jamás habríamos llegado a descubrir tu Amor, viéndote libre de la Cruz y de todos los demás tormentos?

¿Cómo puedes Tú, Dios Todopoderoso, que escudriñas hasta lo más profundo de la inteligencia y del corazón de cualquier hombre o mujer, criaturas tuyas, pensar que sufriendo de esa manera podrías abrir los corazones humanos para que cargáramos con tu Cruz, y contigo viviéramos la redención del mundo? ¿Lo has conseguido, Señor?

Tú sabías, y sabes, que el pecado ha limitado todas nuestras fuerzas, todas nuestras riquezas, y ha originado barreras casi infranqueables para abrir hasta el infinito los horizontes de nuestra esperanza, de nuestra fe y de nuestro amor.

¿Cómo has pretendido, Señor, que unos seres como nosotros, egoístas, limitados, mentirosos, frágiles, pecadores, pudiéramos cargar con tu Cruz y seguirte?

¿Cómo has podido soñar que los hombres, miserables como somos, embriagados de nosotros mismos, pudiéramos ayudarte a llevar la Cruz?

¿Cómo has pretendido alguna vez que viviéramos los dos mandamientos en los que Tú has resumido la Ley y los Profetas: «amar a Dios sobre todas las cosas», y «amar a los demás como Tú nos amas» y asociarnos así a tu Amor Redentor del mundo?

A la altura de mi vivir en esta tierra, contemplando tu cuerpo herido y maltratado, clavado en la Cruz, en el Calvario, atravesado tu corazón por la última lanzada recibida, mi corazón y mi mente han vislumbrado que Tú tienes una confianza infinita, eterna, en nosotros, confianza que es fiel reflejo del Amor que te ha llevado a vivir en la naturaleza humana de tu Persona divina, nuestra muerte y nuestro pecado.

Gracias, Señor, por tu muerte en la Cruz. En tu sabiduría divina has querido mover la libertad de nuestro espíritu a amarte, y darle vida muriendo por nosotros, y dándonos tu Carne y tu Sangre en la Eucaristía. Y vivir así con nosotros en esta tierra y prepararnos para vivir contigo eternamente en el Cielo.

Tú eres, Señor, Dios que se hace criatura.

Tú eres, Señor, Vida eterna que has querido vivir la vida mortal de tus criaturas, y que al redi-

mirnos de nuestros pecados has querido que viviéramos contigo la redención del pecado de todos nuestros hermanos, dando vida redentora a
nuestro sufrir y padecer, cuando lo vivimos con-
templándote en la Cruz.

Y me he conmovido ante tu palabra:

Tengo sed.

¿Cómo y con qué podemos saciar, Señor, tu
sed?

¿Qué es la vida de un hombre, de una mujer,
para saciar la sed de Dios hecho hombre? ¿Qué
es la vida de toda la humanidad mortal y pecadora, para calmar tu sed?

Y me conmuevo cuando descubro que Tú te
sacias con muy poco, al oír tu respuesta a la petición del buen ladrón. Él se atrevió a pedirte solamente una pequeñez, sin saber claramente lo que
te estaba diciendo, porque ni te conocía a Ti, ni
había oído hablar de tu Reino: verte sufrir con
amor bastó para remover su alma:

Acuérdate de mí, cuando estés en tu reino.

Él te habló como un pobre pecador, consciente de su pecado, y Tú le respondiste como su
Redentor, en la alegría de redimirlo.

Hoy estarás conmigo en el Paraíso.

Y como Pedro, Señor, al verte exhalar tu último suspiro, lloré amargamente.

A tus manos encomiendo mi espíritu

Y dicho esto, expiró, añade el Evangelio, después de recoger las últimas palabras de Cristo en la Cruz.

Nosotros formamos parte de esos hombres y mujeres que, desperdigados por el Calvario, lloraban y se daban golpes de pecho al ver morir así a Cristo. No nos atrevíamos a levantar la voz.

Cristo sufre y muere en su humanidad; y su divinidad acompaña a todo su ser hombre en su muerte en la Cruz. Cristo, verdadero Dios, estaba viviendo en Cristo, verdadero hombre, la muerte, cargado con el pecado de cada hombre que ha caminado, que caminará, sobre la tierra. «Mira todo esto... todo lo ha sufrido por ti... y por mí. ¿No lloras?» (Josemaría Escrivá, *Santo Rosario*).

A tus manos encomiendo mi espíritu.

¿El Señor pone su espíritu solamente en las manos de Dios Padre, después de preguntarle: *por qué me has abandonado?* Así parece en una primera impresión, pero quizá podemos pensar, contemplando a Cristo agonizante en la Cruz, que también ha puesto su espíritu en nuestras manos, en las manos de los que abrimos los ojos del cuerpo y del espíritu, y le manifestamos nuestro amor viéndolo morir en la Cruz. Y en nuestras manos lo abandona, para que lleguemos un día a descubrir el Amor que le ha llevado a lo alto de la Cruz.

Es una gran prueba de confianza la que nos quiere dar Cristo con esas palabras. Nosotros le dejamos solo en la Cruz, todos lo abandonamos, y Él, que dijo que cuando fuera elevado a lo alto atraería hacia Sí todo y a todos, quiere, anhela, ver cumplidas en nosotros sus palabras.

No quiere atraernos por la fuerza, y sobreponerse a nuestra libertad. Cristo quiere atraernos hacia Él, «manantial de Amor que salta hasta la vida eterna», moviendo nuestro corazón a amarle.

Antes nos había rogado que calmáramos su sed: *Tengo sed*. ¿Cómo calmamos su sed? Poniendo nuestro espíritu en las llagas de sus manos, de sus pies, de su costado abierto.

Sé que me esperas, Señor, que me recibes,
que tu luz anhela alumbrar mi oscuridad
y transformar mis miserias
en manantiales que guíen mi alma
hasta la vida eterna.

Señor, acudo a Ti, no te abandono;
abro mi espíritu al esplendor de tu Verdad
encerrada, latente, silenciosa, en el Sagrario.

Quienes lloran en el Calvario vuelven a Jerusalén con el alma consternada ante lo que han contemplado. No eran muy conscientes de lo que acababan de ver y de vivir, pero el clamor del pecado cometido inundaba de pena sus almas.

Digámosle al Señor, nosotros que ya conocemos y creemos en su Resurrección, que recibimos su «espíritu»; que deje en nuestras manos, en nuestra inteligencia, en nuestro corazón, toda la Verdad de su Vida, toda la riqueza de su Palabra, todo el Perdón al arrepentirnos de nuestros pecados, y darle la alegría de perdonárnoslos.

Solo Tú sabes amarme
Enamorado de mí, mueres.
¿Qué te digo? ¿Qué te respondo?
Lloro, y las lágrimas son todas mis palabras
En silencio, aquí, en un rincón del templo,
cada lágrima de mis ojos lleva todo mi ser.
al centro de tu Corazón, y allí se alegra.
La pobreza de mi lenguaje ya no me apena;
¿dónde encontraré nuevas palabras para hablarte?,
¿en el silencio de tu muerte en el Calvario?
¿Nada más puedo decir a Quien mi alma adora y ama?
Recibe, Señor, mis lágrimas;
Tu Madre, siempre al pie de la Cruz, te las ofrece.

José y Nicodemo ante Cristo muerto

José de Arimatea, que era discípulo de Jesús, aunque a escondidas por temor a los judíos, le rogó a Pilato que le dejara retirar el cuerpo de Jesús. Y Pilato se lo permitió. Fue y retiró su cuerpo. Nicodemo, el que había ido antes a Jesús de noche, fue también llevando una mixtura de mirra y áloe, de unas cien libras. Tomaron el cuerpo de Jesús y lo envolvieron en lienzos, con los aromas, como es costumbre dar sepultura entre los judíos (Jn 19, 38-40).

José era un senador que «no ha consentido en la condena, ni en lo que los otros han ejecutado. Al contrario, es de los que esperan en el reino de Dios» (cfr. *Lc* 23, 50-51). Y de Nicodemo, sabemos que era fariseo, que había hablado personalmente con Jesús en un diálogo que nos manifiesta la realidad de nuestra filiación divina, nacida por obra y gracia del Espíritu Santo.

¿Cómo puede un hombre nacer siendo viejo? ¿Acaso puede entrar otra vez en el seno de su madre?, preguntó Nicodemo al Señor. Y Jesús le contestó: *En verdad, en verdad te digo que, si uno no nace del agua y del Espíritu, no puede entrar en el Reino de Dios. Lo nacido de la carne, carne es; y lo nacido del Espíritu, espíritu es (Jn 3, 4-6).*

Consciente de ser hijo de Dios, Nicodemo se atrevió a decir a otros fariseos y escribas que querían condenar a muerte a Jesús: *¿Es que nuestra*

Ley juzga a un hombre sin haberle oído antes y conocer lo que ha hecho? (Jn 7, 50-51).

«Ellos no eran conocidos públicamente como discípulos del Maestro, no se habían hallado en los grandes milagros, ni le acompañaron en su entrada triunfal en Jerusalén. Ahora, en el momento malo, cuando los demás han huido, no temen dar la cara por su Señor» (Josemaría Escrivá, *Via Crucis,* XIII).

Mientras Nicodemo y José dan testimonio de su amor a Jesús, los Apóstoles están dispersos en los rincones del Calvario. Han acompañado de lejos a Jesús en su caminar con la Cruz a cuestas; no se han acercado a Él al verlo caído bajo el peso de la Cruz y tampoco han estado a los pies de la cruz cuando Cristo exhaló su última palabra: *En tus manos encomiendo mi espíritu.*

Y tampoco ahora, al verlo muerto, se acercan a Él. Dejan solas a María, a Juan y a las santas mujeres que les acompañaban. Se han borrado de su mente y de su corazón las palabras del Señor anunciándoles que al tercer día resucitará. Y no reaccionan al ver a José y a Nicodemo subir a la Cruz y descender el cadáver de Cristo.

Los cuadros sobre el descendimiento de Jesús de la Cruz no llegan a expresar los sentimientos y las emociones que habrán embargado el ánimo de Nicodemo y de José en aquellos momentos.

Después de conseguir de Pilato el cadáver de Jesús, se habrán abierto paso entre la muchedumbre que descendía del Calvario. A sus oídos habrán llegado los últimos gritos e insultos que aquella gente seguía profiriendo contra el cuerpo ya cadáver de Dios hecho hombre. «Púdrete, ese es tu sitio», habrá blasfemado algún desalmado a quien Cristo ha perdonado por adelantado. *Padre, perdónales porque no saben lo que hacen (Lc 23, 34)*.

Nicodemo y José han desclavado, llorando en silencio, los brazos y los pies de Cristo. Han bajado el cuerpo frío del Señor, y con todo cariño, temblando, lo habrán dejado a los pies de María, mientras preparaban el sepulcro en donde lo iban a dejar envuelto en una «sábana limpia». ¿Hasta cuándo? Quizá en esos instantes se había borrado de su mente hasta la palabra Resurrección. Y, recogidos cada uno en su casa, habrán esperado el amanecer del Domingo. ¿Resucitará?

José y Nicodemo nos han dado a todos los cristianos un testimonio de amor a Cristo, de delicadeza y de devoción al Cuerpo y a la Sangre de Cristo. Ya no tratan al Señor a «escondidas por miedo a los judíos»; ya se acercan a Él dispuestos a todo; y ponen todas sus cualidades, sus potencias, su amor al servicio de los planes de Dios, sin importarles nada de lo que les pudiera ocurrir.

Están con la Virgen Santísima; y con Ella, casi sin darse cuenta, esperan la Resurrección.

El sepulcro donde el Señor quiere seguir viviendo la Resurrección es nuestro corazón, nuestra alma —«sábana limpia»—, después de nuestro arrepentimiento por nuestros pecados y de pedir perdón renovando nuestro amor a Cristo en el sacramento de la Confesión, de la Reconciliación.

Acompañemos a María al pie de la Cruz; y nuestro espíritu, con el de José y el de Nicodemo, se llenará de la Luz del Redentor, de amor de nuestro Salvador, que ha muerto para redimirnos del pecado y de la muerte: Jesucristo, Hijo de Dios, Dios y hombre verdadero.

Desolación y paz en el Calvario

Padre, en tus manos entrego mi espíritu; y diciendo esto, expiró (Lc 23, 46).

La desolación reina en el Calvario. Las últimas esperanzas del gran milagro se han desvanecido. Jesucristo no se ha desclavado de la Cruz; ni ha llegado ningún Ángel a liberarlo de las ataduras. El Hijo de Dios hecho hombre ha muerto. Ha vivido en su cuerpo mortal la muerte de todos los pecadores; la desolación del pecado en todos los espíritus de los hombres.

¿Dónde está, muerte, tu victoria? ¿Dónde está, muerte, tu aguijón? El aguijón de la muerte es el pecado (*1 Co* 15, 55).

Y el pecado ha perdido su aguijón; todas las muertes han sido vencidas en la Muerte del Hijo de Dios hecho hombre, de Jesucristo.

La desolación, el silencio, parece reinar en el Calvario. Tres cruces soportan tres cadáveres; y el alba de la Resurrección aún no ha amanecido.

Y en la desolación, en el silencio, el Crucificado, el Cristo del Amor, el Cristo del Perdón y de la Misericordia, el Cristo de la Buena Muerte, el Cristo, de la Expiración, comienza a resucitar en el corazón de los hombres que le contemplan clavado ahora en la Cruz.

Se ha cumplido el tiempo, y el reino de Dios está cerca. Arrepentíos y creed el Evangelio (Mc 1, 15).

En la Cruz, la muerte, el tiempo, son ya semilla de la Resurrección de Vida Eterna. Al perdón de Cristo, el pueblo responde pidiendo perdón.

Y toda la gente que había asistido al espectáculo, al ver lo sucedido, regresaba dándose golpes de pecho (Lc 23, 48).

¿Por qué se daban golpes de pecho? ¿Eran ya conscientes de que Jesucristo se había dejado clavar en la Cruz para redimir los pecados de toda la humanidad? ¿Inundaba ya su alma la luz de saberse entre los que ya habían vencido la gran tribulación, y habían *lavado y blanqueado sus túnicas en la sangre del Cordero? (Ap 7, 14).*

Otros permanecieron en el Calvario, sin dejar de contemplar a Cristo, abatido en la Cruz, inclinada ya la cabeza; anonadado, en espera quizá de descubrir el misterio de Aquel hombre que había resucitado muertos, que anunciaba la Vida Eterna, y se había entregado así, inánime, a la propia muerte.

El centurión y los que estaban con él custodiando a Jesús, al ver el terremoto y lo que pasaba, se llenaron de gran temor y dijeron: «En verdad, este era Hijo de Dios» (Mt 27, 54).

La tiniebla permanecía en el Calvario, y la luz de la Fe comenzaba a parpadear en sus corazones.

Cristo no echa en cara a nadie su muerte, no protesta por la injuria, por la injusticia. Desde la Cruz ya no mira solo con los ojos: todo su cuerpo muerto es la mirada amorosa de Dios a todos los hombres.

Un hombre no se atreve a acercarse al Calvario; envía mensajeros para que le tengan informado del desarrollo de la Crucifixión; mientras él permanece, en la ilusión de apagar su inquietud, protegido entre los muros de su palacio.

Es Pilato. El procurador romano Poncio Pilato. El representante del gran poder político de la tierra. Roma acababa de convertirse en Imperio, y se gloriaba de haber sometido bajo sus banderas a muchos pueblos, a todos los de las orillas del Mediterráneo, *Mare nostrum*, la Paz romana.

¿Por qué no descendió Pilato en medio de la noche a contemplar a aquel Crucificado? ¿Qué podía temer de Él? ¿Qué le paralizaba? ¿La frase de Jesús que había osado dejarle sin poder alguno: *No tendrías ningún poder sobre mí si no te hubiera sido dado de lo alto;* o la afirmación de la Verdad: *Yo para eso he venido al mundo, para dar testimonio de la verdad; todo el que es de la verdad oye mi voz? (Jn* 18, 36-37). ¿Es que acaso toda la verdad que a Pilato le interesaba no estaba representada por el Poder, por el César?

Su respuesta debía de estar todavía dando vueltas en su mente. *¿Y qué es la verdad?* Cuando el dictador de Graham Greene dispara el tiro de gracias sobre el último papa moribundo, una duda le desazona: ¿Será Verdad lo que este hombre decía?

Quizá por esa misma duda, Poncio Pilato no osó acercarse en silencio a Cristo muerto. ¿Y si aquel hombre, ya cadáver, que él había entregado para que lo crucificasen, era la Verdad?

La Cruz y la Resurrección

La tristeza llenó el alma de los Apóstoles, avergonzados, desorientados, alejados de la Cruz, sin atreverse apenas a contemplar al Crucificado.

El atardecer comenzó a transformarse en la tiniebla de la noche, mientras el Cuerpo muerto del Señor permanecía clavado en la Cruz.

Nicodemo, José de Arimatea, ayudados por otros hombres, han descendido ya el cadáver de Cristo, y lo han depositado en el sepulcro. Los Apóstoles siguieron desde lejos todo el acontecer, apresados por el temor y la pena, en lágrimas.

A la entrada del sepulcro, ante la losa que cerraba la entrada, comenzó su larga espera. Y se quedaron muy tristes.

Con los primeros rayos de luz que anunciaban la mañana de Pascua, su llanto abandonó el temor y la angustia.

¿Qué sucederá hoy? ¿Volverá todo a ser lo mismo? ¿Renacerá en ellos la confianza en Cristo? ¿Verán de nuevo al Señor? ¿Resucitará?

En sus oídos todavía resonaban las palabras escuchadas de la boca del Maestro, poco antes de exhalar el último suspiro, el último clamor:

Padre, en tus manos encomiendo mi espíritu.

¿Sería verdaderamente el último suspiro, la última palabra de Cristo sobre la tierra?

En la espera, recordaron las palabras que el Maestro les había dicho pocos días antes de su muerte:

Mirad, subimos a Jerusalén, y el Hijo del hombre será entregado a los príncipes de los sacerdotes y a los escribas, que le condenarán a muerte y le entregarán a los gentiles para que le escarnezcan, le azoten y le crucifiquen, pero al tercer día resucitará (Mt 20, 18-19).

Hasta aquel momento, todo había sucedido según el anuncio del Señor; sus ojos habían contemplado el escarnecimiento, los azotes, la crucifixión. ¿Verían también sus pupilas hacerse realidad las palabras: *pero al tercer día resucitará?*

En aquellas primeras horas de la mañana, quizá alguno de ellos llenó su memoria con recuerdos de la resurrección de Lázaro, de la sonrisa del hijo de la viuda de Naín devuelto a su madre.

En el monte llamado de la Calavera, la cruz sin crucificado, vacía, se mantenía erguida entre las otras dos cruces, impregnadas todavía con despojos del cuerpo de los dos ladrones.

Una vez el alba se entronizó en la tierra, comenzaron a llegar hasta los oídos de los Apóstoles, reunidos y aislados como estaban *por temor a los judíos*, las primeras voces que hablaban de un sepulcro vacío.

Pedro, Juan, acompañados a cierta distancia por otros Apóstoles, salieron del refugio y se pusieron en marcha hasta llegar al lugar donde lo habían sepultado. Las mujeres tenían razón: el cadáver no estaba allí; ni el cadáver ni ninguna huella de muerte. Ellos no creyeron todavía.

Al Señor vivo lo habían visto y creído en Él. Ahora querían ver al Señor resucitado, y volver a creer en Él.

Y lo vieron, y creyeron:

¡Señor mío, y Dios mío!

Tomás dio voz al corazón de todos al meter sus dedos en las llagas del Señor resucitado.

La alegría volvió a su rostro, a su espíritu: Cristo cumplió una vez más su promesa.

El tiempo se revistió de eternidad; la muerte fue absorbida por la Vida. La Cruz quedará para siempre como el trono de Cristo, como la señal de los cristianos: «pues en ella quiso morir, para nos redimir».

La Cruz, recuerdo de la Muerte de Cristo; anuncio perenne, por los siglos de los siglos, de la Resurrección en cuerpo glorioso, del Hijo de Dios hecho carne.

La Santísima Virgen, antes que María Magdalena, antes que los Apóstoles, tuvo el gozo de ser la primera criatura que contempló el rostro humano de Dios en Cristo recién nacido, y nada nos impide pensar que también fue la primera en ver el rostro humano de Dios en Cristo Resucitado.

Ella fue la primera criatura que transformó la soledad de la Pasión, los sufrimientos de la Cruz, en la luminosa y eterna aurora del Resucitado.

Mirando a sus ojos, con sus ojos, descubrimos también nosotros a Cristo Resucitado, a Cristo vivo.

Sepulcro y Resurrección

Los que pasaban le injuriaban, moviendo la cabeza y diciendo: «¡Eh! Tú que destruyes el Templo y lo edificas de nuevo en tres días, sálvate a ti mismo, bajando de la Cruz» (Mc 15, 29-30).

Y no solo la multitud que, de lejos, había seguido paso a paso los momentos de la Crucifixión llenaba ahora de insultos a Jesús; viéndolo ya crucificado y bien clavado en la Cruz, también los fariseos y los escribas alzaban sus voces con sarcasmo.

Del mismo modo, los príncipes de los sacerdotes se burlaban entre ellos a una con los escribas y decían:

«Salvó a otros, y a sí mismo no puede salvarse. Que el Cristo, el Rey de Israel, baje ahora de la cruz, para que veamos y creamos» (Mc 15, 31-32).

Nosotros guardamos silencio. Miramos al Señor. Le pedimos perdón, arrepentidos de nuestros pecados que lo han clavado en el madero;

renovamos nuestra Fe en Él, nuestro Salvador, nuestro Redentor, que:

ha sido «hecho pecado» para que lleguemos a ser en Él justicia de Dios (2 Co 5, 21).

Y le acompañamos en silencio al lado de la Virgen:

Junto a la cruz de Jesús estaban su Madre, la hermana de su madre, María la esposa de Cleofás, y María Magdalena (Jn 19, 25-27).

Jesús está ya crucificado. Los clavos sostienen su frágil cuerpo bien anclado en la Cruz. Los Apóstoles, y todos los que creían en Él y le seguían, se quedan en la lejanía contemplando lo que está sucediendo.

Los que han acompañado a Jesús en su andar, sus caídas con la Cruz a cuestas a lo largo de la vía Dolorosa, y creían que Él era el Mesías que iba a salvar Israel, están confundidos en medio de una multitud que grita e insulta al Crucificado.

A medida que el día va dejando lugar a las sombras del atardecer y de la noche, se va haciendo silencio en las gargantas de quienes han pedido a Pilato la Crucifixión. Vuelven a sus casas. El espectáculo se ha terminado. Unos dejan de creer en el Mesías y regresan a su mundo sin esperanza en las palabras que habían oído al Señor:

Cuando estaban en Galilea les dijo Jesús:

El Hijo del hombre va a ser entregado en manos de los hombres, y lo matarán, pero al tercer día resucitará (Mt 17, 22-23).

El día siguiente es fiesta grande en el pueblo judío, y Cristo, ya muerto, no puede quedar en la Cruz. José de Arimatea pide a Pilato el cuerpo.

Entonces este (José), después de comprar una sábana, lo descolgó y lo envolvió en ella, lo depositó en un sepulcro que estaba excavado en una roca e hizo rodar una piedra a la entrada del sepulcro. María Magdalena y María la de José observaban dónde le colocaban (Mc 15, 46-47).

¿Cómo vivieron los Apóstoles y los seguidores más cercanos de Jesús la estancia de Cristo en el sepulcro?

Esos días fueron para ellos una verdadera noche oscura del espíritu. Se tambaleó su fe, se resquebrajó su esperanza, pero la presencia de la Virgen María hizo posible que, en los rescoldos de su fe y de su esperanza, quedase firme su caridad. Su corazón no dejó de amar al Señor, con Quien habían convivido tantos momentos inolvidables, tantas alegrías con sus milagros y tantas penas al verlo rechazado por sacerdotes y escribas, y verlo al final muerto en la Cruz.

Pasado el sábado, María Magdalena y María la de Santiago y Salomé compraron aromas para ir a embalsamar a Jesús (...) ¿Quién nos removerá la piedra de la entrada del sepulcro? (...) Entrando en el sepulcro, vieron a un joven sentado a la derecha, vestido con una túnica blanca, y se quedaron muy asustadas. Él les dice: «No os asustéis; buscáis a Jesús Nazareno, el crucificado. Ha resucitado, no está aquí; mirad el lugar donde lo colocaron. Pero marchaos y decid a sus discípulos y a Pedro que Él va delante de vosotros a Galilea: allí le veréis como os dijo» (Mc 16, 1-7).

Que nuestra devoción a la Madre de Dios, María Santísima, enseñándonos a amar a Cristo como Ella lo amó, nos mantenga firmes en nuestra Fe, en nuestra Esperanza en Él y en nuestra Caridad, amándonos los unos a los otros como Él nos amó.

Y así, cuando las penas, las desgracias, los escándalos de los buenos, las enfermedades, las injusticias, la persecución de los que quieren arrancar de la tierra las huellas de la presencia de Dios hecho hombre, Jesucristo Nuestro Señor, enturbien nuestro espíritu, y nos tienten la desesperanza y la tristeza, sabremos elevar nuestra mirada a Cristo Muerto y Resucitado, y le diremos las palabras que Él dirigió a Dios Padre:

Padre, en tus manos encomiendo mi espíritu (Lc 23, 46).

IV.
RESUCITAR CON CRISTO

La Resurrección del Señor introduce en nosotros una nueva vida, un nuevo modo de razonar, de ver las cosas, porque Cristo al resucitar, vence la muerte y nos abre el horizonte de la Vida Eterna.

Los Apóstoles quedan desorientados ante la muerte de Cristo en la Cruz. La compañía de la Virgen María les sostiene en la espera. ¿Verán de nuevo al Señor? Se les hace muy largo el tiempo de incertidumbre; y uno de ellos, Tomás, ni siquiera cree en el testimonio de los otros.

Buscad las cosas de allá arriba. Vuestra vida está ya escondida con Cristo en Dios.

No somos seres para la muerte; somos criaturas para la eternidad. Hemos de contemplar con más frecuencia la vida de Cristo, hemos de pensar más en Dios, en ese Cielo que nos muestra Cristo Resucitado, hemos de estar más cerca de la Santísima Virgen.

Así, resucitaremos y apartaremos nuestra mirada de la cólera, del enojo, de la malicia, de la impureza, de las pasiones deshonestas, de la mentira..., en una palabra, de todo lo que es muerte; y descubriremos la luz de Dios, la luz de la Resurrección de Cristo en tantas cosas de la tierra: en nuestra propia casa, en nuestros hijos, en nuestros padres, en nuestros vecinos, en nuestro trabajo... Comprenderemos mejor a todos y los amaremos más; viviremos con la alegría de la resurrección, acompañando en la tierra a Cristo resucitado en nuestro prójimo, y gozando en la esperanza de vivir eternamente con Él.

Buscad los bienes de allá arriba, donde está Cristo. El horizonte de nuestro vivir se amplía indefinidamente. Los límites de nuestros proyectos terrenos y temporales saltan por los aires. Nuestras penas y alegrías se enriquecen con un nuevo aroma de eternidad.

El ansia de permanecer, de ser inmortal, no se alcanza con lápidas que se llenan pronto de moho y de suciedad; ni con un puesto en una academia de hombres que, a sí mismos, se califican de «inmortales»; ni con una gran familia que, al paso de las generaciones, acaba siendo también arena del desierto, y mucho menos con manipulaciones digitales de nuestro organismo, eliminando células enfermas y muertas, por algoritmos.

El sueño actual del hombre de *construir* otro hombre no es más que un mal sueño de una mala noche de verano. Desde el principio del andar del hombre sobre la tierra, el pecado de los seres humanos ha querido convertirnos en «dios» de nosotros mismos. Ahora da la impresión de que hay hombres que anhelan ser «creadores», no ya de sí mismos, sino de otros «hombres» sobre los que puedan ejercer su desequilibrado poder.

Escribiendo estas líneas ha caído en mi poder la homilía de Benedicto XVI en la Misa del solemne inicio de su pontificado. Sus palabras finales son una llamada que abre las puertas de nuestra alma, para vivir la propia resurrección en Cristo Nuestro Señor.

«En este momento, mi recuerdo vuelve al 22 de octubre de 1978, cuando el Papa Juan Pablo II inició su ministerio aquí en la Plaza de San Pedro. Todavía, y continuamente, resuenan en mis oídos sus palabras de entonces: "¡No temáis! ¡Abrid, más todavía, abrid de par en par las puertas a Cristo!". El Papa hablaba a los fuertes, a los poderosos del mundo, los cuales tenían miedo de que Cristo pudiera quitarles algo de su poder si lo hubieran dejado entrar y hubieran concedido la libertad a la fe. Sí, Él ciertamente les habría quitado algo: el dominio de la corrupción, del quebrantamiento del derecho y de la arbitrariedad. Pero no les habría quitado nada de lo que pertenece a la libertad del hombre, a su dignidad, a la edificación de una sociedad justa. Además, el Papa hablaba a todos los hombres, sobre todo a los jóvenes. ¿Acaso no tenemos todos de algún modo miedo –si dejamos entrar a Cristo totalmente dentro de nosotros, si nos abrimos totalmente a Él–, miedo de que Él pueda quitarnos algo de nuestra vida? ¿Acaso no tenemos miedo de renunciar a algo grande, único, que hace la vida más bella? ¿No corremos el riesgo de encontrarnos luego en la angustia y vernos privados de la libertad? Y todavía el Papa quería decir: ¡no!, quien deja entrar a Cristo no pierde nada, nada –absolutamente nada– de lo que hace la vida libre, bella y grande. ¡No! Solo con esta amistad se abren las puertas de la vida. Solo con esta amistad se abren realmente las grandes potencialidades de la condición humana. Solo con esta amistad experimentamos lo que es bello y lo que nos libera. Así, hoy, yo quisiera, con gran fuerza y gran convicción, a partir de la experiencia de una larga vida personal, decir a todos vosotros, queridos jóvenes: ¡No tengáis miedo de Cristo! Él no quita nada, y lo da todo. Quien se da a Él, recibe el ciento por uno. Sí, abrid, abrid de par en par las puertas a Cristo, y encontraréis la verdadera vida. Amén».

La gloria y la carga de la Resurrección

Ya ha arraigado la luz en el horizonte. Ya Cristo, en un lugar de la tierra, ha abandonado el sepulcro.

Todos los días traen su novedad. La vida renace cada mañana, y con su latido, las ilusiones y los desengaños. El rocío matutino es el colirio más sano para los ojos cansados. Y, aunque el cielo amanezca encapotado, al abrigo de la aurora también la tormenta encierra un aire diverso de los truenos del anochecer. La noche no pasa en vano; nada es igual al rayar del alba.

La maravilla de la jornada de Pascua es inigualable. Todas las novedades se agostan en el pasar de los días: unas dejan entrever los límites de las ilusiones que habían hecho nacer; otras se consumen sin haber alcanzado la plenitud de su significado; las más mantienen vivo solamente hasta mediodía el ardor del comienzo. El sepulcro abierto de Pascua es la novedad que ha surgido en todos los cruces de los caminos de los hombres y allí permanecerá nuevo, vacío, como un reclamo de eternidad hasta el final de los tiempos.

También la muerte recibe la caricia de la vida con el surgir del sol el día de la Resurrección. La muerte ha perdido su aguijón, ha sido derrotada en su última batalla. La nueva palabra clave es Resurrección.

Ya tiene poco sentido ocultar la muerte, proteger las ciudades de la presencia de los muertos, tratar de colocar la muerte extramuros, y querer convertirla en una realidad de la que no se habla, que no se menciona. Sería el camino para anular también la gloria de la Resurrección, sería caer en el absurdo desesperado de unir la vida a la nada, como hace Cesare Pavese en «Vendrá la muerte, y tendrá tus ojos... Oh querida esperanza, / ese día sabremos también nosotros/ que eres la vida y eres la nada».

La Resurrección es plenitud de vida; y la muerte, después de este amanecer de Pascua, no es más que la entrada a la Resurrección. Muerte y Resurrección, palabras que en cierto modo esconden todo el misterio de la vida del hombre. Dos hechos históricos: uno a la vista de todos, todos los días; el otro, un Domingo de Pascua, en Jerusalén, una vez y para siempre.

De nada sirve querer poner un sello y cerrar el Sepulcro vacío a cal y canto para ocultarlo a los ojos de quienes se acercan. Si del sepulcro del Apóstol Santiago dicen que surgieron luces como estrellas para recordar la presencia de unos huesos que habían estado cerca del Señor, ¿quién podrá impedir a la tierra que acogió el cadáver de su Creador, romper también en canto para hacernos a todos partícipes de la Resurrección?

Y, sin embargo, cualquiera de nosotros puede no oír este nuevo canto que entona la creación al presenciar la Resurrección de su Creador. Para oírlo, hemos de resucitar también nosotros a la «nueva vida», llevando con nosotros la «carga ligera de la Resurrección»: la victoria sobre el pecado. En ese triunfo, el hombre descubre que, en la maravilla de cada jornada, de cada momento, se puede esconder el renacer esperado, la nueva semilla de horizontes.

Y averigua que ya no hay lugar para la pena que cantó Antonio Machado:

Cantaban los niños
canciones ingenuas,
de un algo que pasa
y que nunca llega,
la historia confusa
y clara la pena.

Desde la Resurrección de Cristo, la historia ha dejado de ser confusa. El sepulcro vacío encierra el sentido de todas las penas, porque en sus paredes ha quedado encerrado para siempre el aguijón de la muerte, el poder del pecado. El «algo que pasa» –el espíritu que resucita la carne– ha terminado su camino y ya ha llegado. La piedra del sepulcro no esconde la putrefacción de la muerte.

El cristiano sabe que la muerte, el pecado, la Resurrección forman parte de su existencia cotidiana. No basta llevar en el alma la muerte del Señor, y sufrir con Él y por Él. Sin la Resurrección, Cristo es incomprensible; sus enseñanzas serían inútiles e ineficaces; y Él, uno más en la larga lista de hombres sabios, honestos, generosos, prudentes, magnánimos, que han transitado por la tierra. Si no resucitamos con Él, seremos siempre unos extraños a nosotros mismos; nuestra vida será apenas una nada.

Este es el renacer escondido de la mañana de Pascua: «Vendrá la muerte, y tendrá tus ojos». Los ojos, el mirar de Cristo Crucificado, de Cristo Resucitado.

Confesiones de un discípulo

Cuando Cristo llegó al Calvario cargado con la Cruz, yo estaba con un pequeño grupo de Apóstoles. Desconcertados con lo que estaba ocurriendo merodeábamos, sin horizontes y algo perdidos, por las laderas del monte.

Nos alejamos un poco del lugar donde los soldados habían ya preparado las tres cruces, y levantado una de ellas con el cuerpo clavado de uno de los ladrones.

Las palabras que Cristo nos había dicho cuando estábamos todavía en Galilea, resonaron en mis oídos y allá en el fondo de mi alma:

El Hijo del Hombre va a ser entregado en manos de los hombres, y lo matarán, pero al tercer día resucitará (Mt 17, 22).

No las entendí entonces; y para mí seguían siendo incomprensibles. ¿Si era el Mesías, cómo podía morir? ¿Los tres años que le habíamos acompañado por Judea y Galilea habían sido un sueño o, peor, un engaño? Y preguntas más insidiosas asaltaron mi cabeza, cuando llegaron a mis oídos los martillazos que lo clavaban a su cruz. ¿Cómo permitía todo ese espectáculo siendo Dios, y habiendo dicho: *el Padre y Yo somos una misma cosa;* y: *quien me ve a mí, ve al Padre?*

Sin saber muy bien qué hacíamos y, como llevados por unos espíritus, paso a paso, nos acercamos al lugar de las cruces. No entendí unas palabras que acababa de pronunciar, y le pregunté a una mujer que estaba sollozando. Su repuesta me dejó helado: «Ha levantado la cabeza y ha dicho: *Perdónales, Padre, porque no saben lo que hacen»*.

Cuando la mujer terminó de hablar, estallé en llanto. Miré a mi alrededor, y sorprendido reconocí los rostros de algunos que habían vivido la última multiplicación de los panes y de los peces: estaban todos vociferando contra Cristo; insultándole y diciéndole que se bajase de la Cruz, y creerían en Él; y se reían a carcajadas.

Yo me ofrecí para ayudar a los Apóstoles en la distribución de los panes que les dio Jesús; y cuando terminamos de alimentar a la muchedumbre, ayudé también a recoger lo que había sobrado. ¿Cómo era posible que los mismos que se alimentaron del milagro, gritasen ahora de esa manera?

Un pensamiento que llenó de oscuridad mi mente me cruzó la cabeza: ¿Habría hecho todos los milagros de acuerdo con los demonios, como dijeron los escribas y los fariseos? Y recordando enseguida la curación del ciego de Jericó, mi alma se llenó de tristeza y lástima de mí mismo.

Me separé del grupo, y me acerqué hasta donde me permitieron los soldados. Levanté la mirada hasta el rostro del Señor

Cuando le oí exclamar: ¿Padre, por qué me has abandonado?, se doblaron mis piernas, caí al suelo, y así permanecí un tiempo que se me hizo una eternidad. Me levanté y me di cuenta de que todo su cuerpo goteaba sangre. Su respirar anunciaba una muerte cercana. Los insultos de algunos escribas y fariseos se mezclaban con palabras despectivas invitándole a resucitar si de verdad era Dios.

Miré a mi alrededor: estaba solo. María, su Madre, seguía al pie de la cruz acompañada de Juan y de algunas mujeres. No me atreví a acercarme a Ella; y poco a poco, la oscuridad fue llenando mi espíritu. Una oscuridad que me impedía hasta llorar.

En tus manos encomiendo mi espíritu.

Su voz fuerte me sorprendió. ¿En qué rincón de su alma había encontrado la fuerza para lanzar esa exclamación? Aturdido, y con los ojos cerrados, dije: «Y yo, Jesús, ¿dejo en tus manos lo que queda de mi espíritu?». Y me fui apenas me di cuenta de que estaba muerto.

Pasé en vigilia las horas que transcurrieron desde ese momento de la tarde del viernes, hasta las primeras horas del domingo. ¿Resucitará?, me preguntaba, acordándome de sus palabras.

Apenas amanecido el tercer día, me puse a caminar por las calles de Jerusalén. Quería llegar al sepulcro donde habían dejado el cuerpo muerto de Jesucristo, y ver lo que pudiera haber ocurrido. Me encontré con un pequeño grupo de mujeres que me dijeron que habían visto a Jesús, que les había dicho que anunciaran a Pedro y a los Apóstoles que lo habían visto.

Me quedé parado, en espera de ver qué podía suceder.

Al poco rato, volvieron acompañadas de Pedro y de Juan. Se acercaron al sepulcro y vieron que estaba vacío. No creyeron que hubiera hablado con las mujeres –¿habrían visto a un fantasma?–, y volvieron a reunirse con los demás Apóstoles.

Temblando todo mi cuerpo, les seguí un poco alejado de ellos. Y me encerré en casa.

Las primeras noticias de la Resurrección me dejaron un poco desconcentrado.

¿Sería verdad?, me preguntaba lleno de nerviosismo. Al fin me decidí a buscar a los Apóstoles y salir de dudas.

Me dijeron que la primera vez que lo vieron, no estaba Tomás con ellos; y que cuando se lo contaron, Tomás no les creyó. Jesús volvió a reunirse con ellos, y esta vez estaba también Tomás. Y el mismo Tomás me contó cómo había temblado todo su ser cuando le dijo al Maestro: *Señor mío; y Dios mío*.

Volví a casa caminando muy despacio; abriendo mi alma a la nueva realidad que daba sentido a toda mi vida, a toda la creación, a todo sufrimiento y alegría que pudiéramos vivir todos los mortales. ¡Cristo ha resucitado!

Y me dormí diciéndole a Jesús: Señor, en verdad; Tú eres el Camino, la Verdad, la Vida.

Señor, acudo a Ti

Sé que me esperas, Señor, que me recibes,
que tu luz anhela alumbrar mi oscuridad,
y transformar mis miserias
en manantiales que guíen mi alma
hasta la vida eterna.

Señor, acudo a Ti, no te abandono;
abro mi espíritu al esplendor de tu Verdad
encerrada, latente, silenciosa, en el Sagrario.
¿Por qué continúa mi corazón vacío?
¿O acaso no?
Vislumbro tu majestad oculta.
Hasta la última raíz de mi vivir trema.
A Ti clamo, Señor, ten compasión,
misericordia de mi alma.

Nada soy ante tu mirada, y solo puedo
estremecerme. ¡Grandeza de tu amor!
No permitas, Señor, que cierre mis ojos
ante tu Cruz;
abre mi corazón a tu amor,
y moldéalo con el fuego ardiente de tu Espíritu.

Solo Tú sabes amarme.
Enamorado de mí.
¿Qué te digo? ¿Qué te respondo?

Lloro, y las lágrimas son todas mis palabras.
En silencio, aquí, en un rincón del Calvario,
cada lágrima de mis ojos lleva todo mi ser
al centro de tu Corazón, y allí sufre
y se arrepiente.
Y contigo resucita.

La pobreza de mi lenguaje ya no me apena;
¿dónde encontraré nuevas palabras para hablarte?
¿Nada más puedo decir a Quien mi alma adora y ama?
Recibe, Señor, mis lágrimas. Y sonríeme.